课堂
创意管理
实用技巧

董一菲 主编

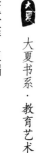

大夏书系·教育艺术

华东师范大学出版社
全国百佳图书出版单位

目 录

Contents

第一章　课堂常规之管理技巧

○ 就地取材，"借"生奇效
　　——应对课堂教学环境生变　3

○ 化杂音为教育契机
　　——应对课堂中学生节外生枝　7

○ 劳逸适度，趣味引路
　　——应对课堂中学生走神　11

○ 以生为本，博采众长
　　——应对课堂中的意外生成　15

○ 巧用文本，琢玉成器
　　——应对课堂中学生习惯不佳　19

○ 巧借曲径，通达幽境
　　——应对课堂中的横生枝节　24

○ 诵读教学，诗意课堂
　　——应对课堂枯燥乏味　28

○ 课始收心，音像入境
　　——应对课始收心难　32

○ 扣人心弦，充满机智
　　——应对课堂沉闷无趣　36

○ 标语入心，箴言育人
　　——应对课堂风气不正　40

○ 插图激趣，相得益彰
　　——应对课堂人文环境不佳　44

○ 花飞雪舞，乐中生趣
　　——应对课堂缺乏情趣　49

第二章　学生学习问题之管理技巧

○ 唤醒小组潜能，知之好之乐之
　　——应对课堂中的小组合作低效　55

○ 巧妙联系，让语文课堂焕发生机
　　——应对课堂中缺乏共鸣　60

○ 巧设情境，激励成长
　　——应对课堂中学生学习动力不足　64

○ 精心设计，及时评价
　　——应对课堂中学生参与不积极　68

○ 劝束得法，生发无限
　　——应对课堂学习气氛沉闷　72

○ 向"教育"更深处漫溯
　　——应对课堂中的交流意外　76

○ 小练习，大文章
　　——应对课堂中学生缺乏情感共鸣　80

○ 内因驱动，群情盎然
　　——应对课堂中学生埋首不言　84

○ 经典引路，开启智慧，重建心灵
　　——应对课堂中学生学习被动　88

○ 随性感性，点燃诗情
　　——应对课堂缺乏生气　92

○ 发散思维，重在收放
　　——应对课堂中学生思维脱轨　97

○ 创新思维，激活兴趣
　　——应对课堂中畏惧创新的学生　101

第三章 学生行为问题之管理技巧

○ 以生教生，声东击西
　　——应对课堂中学生故意说"我不会" 107

○ 书香启智，因势利导
　　——应对课堂中学生搭茬儿 111

○ 巧妙促进，灵活应对
　　——应对课堂中学生学习效率低 115

○ 搭建平台，砥砺成长
　　——应对课堂中学生参与度低 119

○ 巧设问题，借力给力
　　——应对课堂中学生急于突破自我 123

○ 把握契机，智慧引导
　　——应对课堂中学生的"无用"问题 127

○ 以情传情，暗示指引
　　——应对课堂中学生注意力不集中 131

○ 对症下药，幽默化解
　　——应对课堂中学生互动消极 135

○ 激发自尊，诗意唤醒
　　——应对课堂中学生语言不文明 139

○ 尊重理解，循循善诱
　　——应对课堂中学生无心听讲 143

○ 调节情绪，激发热情
　　——应对课堂中学生昏昏欲睡 147

第四章 学生心理问题之管理技巧

○ 委之以诚，自信倍增
　　——应对课堂中缺乏自信的学生　153

○ 以读促教，育人有声
　　——应对课堂中自我放弃的学生　157

○ 赏识优点，绽放笑容
　　——应对课堂中自卑的学生　161

○ 寻根激趣，静候花开
　　——应对课堂中厌学的学生　165

○ 团队研修，合力引领
　　——应对课堂中胆怯的学生　169

○ 多予鼓励，点燃激情
　　——应对课堂中自我否定的学生　173

○ 爱心耐心，引领回归
　　——应对课堂中自闭、叛逆的学生　177

○ 引入情境，春风化雨
　　——应对课堂中焦虑的学生　181

○ 思维导图，助力记忆
　　——应对课堂中记忆力下降的学生　185

○ 平等沟通，巧解心锁
　　——应对课堂中情绪不良的学生　189

第五章　后进学生之管理技巧

○ 有意忽视，静待花开
　　——应对课堂中哗众取宠的学生　*195*

○ 攻城为下，攻心为上
　　——应对课堂中轻视语文的理科生　*199*

○ 从"心"入手，快乐学习
　　——应对课堂中写字困难的学生　*203*

○ 以情唤情，春语传情
　　——应对课堂中情感淡薄的学生　*207*

○ 诗文润心，激趣启智
　　——应对课堂中有作业健忘症的学生　*211*

○ 步步紧逼，时时生疑
　　——应对课堂中思考浅层化的学生　*215*

○ 根植内心，持久守护
　　——应对课堂中智力有障碍的学生　*220*

○ 以德促学，摇曳生姿
　　——应对课堂中故意捣乱的学生　*224*

○ 轻敲响鼓，声震四野
　　——应对课堂中惯性迟到的学生　*228*

○ 唯美陶冶，怡情养性
　　——应对课堂中体育生着装不规范　*233*

第一章
课堂常规之管理技巧

就地取材，"借"生奇效

化杂音为教育契机

劳逸适度，趣味引路

以生为本，博采众长

巧用文本，琢玉成器

巧借曲径，通达幽境

诵读教学，诗意课堂

课始收心，音像入境

扣人心弦，充满机智

标语入心，箴言育人

插图激趣，相得益彰

花飞雪舞，乐中生趣

就地取材，"借"生奇效

——应对课堂教学环境生变

我们在教学过程中会碰到这样一种情况：教师在课前精心备课，设想学生能在自己的导引下进行学习。但真正上课时教学环境突然发生变化，学生出现意想不到的表现，学生的学习完全不按教师的教学设计进行，甚至有学生强烈要求教师用另外的方法进行教学。这种情况的出现打乱了教师的教学设想及教学思路。

课堂进行中突然遇到这样的情况，教师需根据课堂的变化，及时采用合适的课堂管理技巧，迅速调整教学方法，使课堂既能顺利进行，又达到高效学习的目的。

情景回顾

我接到名师工作室的教研活动任务，到本市的一所示范性高中上一节示范课，教学内容是《声声慢》。在当地，我们学校学生的基础处在城区学校靠后的位置。要去学生整体水平比我们高的学校上课，这对我来说是一个挑战。所以我花了很多功夫准备这一节课，而且还在校内最好的班级先试教，同组的老师提出建议后反复修改。特别是情景导入，我自认为很新颖，一定能吸引学生的眼球。但在我上课的当天，课前和那个班级的学生一交流，学生不大买账，他们正兴高采烈地议论一个话题，有一个学生甚至对我说："不要影响我们的情绪。"其他学生也丝毫没有在意我的存在，照样聊得很起劲。

管理过程

课前和学生交流一点都不和谐，想要的暖场效果未达到，这显然不利于师生和谐课堂氛围的营造，更不要说达到示范课的效果。我没有再与学生进行交流，而是静下心听这群孩子在议论什么话题，竟然令他们如此感兴趣，教室后面明明有老师听课而他们却很不在意。仔细一听，大概是他们心目中的"男神"教师发生了一件有趣的事，具体细节我当然没有搞清楚，但看孩子们的情绪，应该是有趣又新奇的事。

原本想好的课堂导入与今天的氛围是不够契合的，想要收住这班孩子的心，非得花一番心思不可。我马上删掉课件上原来设计好的引入所配的音乐、图片等，临时想了一个导入的方法。有一部分学生看我临时改课件还觉得很奇怪。上课了，我这样导入：同学们，我想问你们一个有趣的问题，这个问题的答案不要求你们一定说出来，但在心中要有一个美妙的答案。有兴趣吗？（这时学生稍微静了一下）我接着问：你们心目中的"女神"或"男神"是谁？（学生可能没想到我会问他们这个问题，注意力集中过来了。）再问：哪一个来说一说？你身边有没有？（三个同学的精彩回答已经化解上课前的冷场，原来是孩子们心中的"男神"物理老师新交了女朋友。）我说：老师心目中也有这么一位乱世中的"女神"，她描绘过"争渡争渡，惊起一滩鸥鹭"的闲情逸致，也抒发过"生当作人杰，死亦为鬼雄"的豪情壮志，她就是宋代著名女词人李清照。她有一支点石成金的妙笔，将自己生活中的点滴快乐，点滴愁绪，都化成了千古传唱的美的词句。今天，我们一起走进李清照的《声声慢》。

这时孩子们已经完全抛开课间热烈讨论的话题，注意力完全回到课堂上来。刚才跟我说话很不客气的那个孩子也积极投入到课堂学习中。那天的展示课当然是圆满完成。

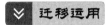

这节课,孩子们一来对我这个来自实力较弱学校的老师不在意,二来上课当天发生了他们感兴趣的事,对我的热情显然未感觉到。这时,教学环境发生了变化,学生兴趣发生了变化,教师必须"借"学生感兴趣的话题来打破尴尬,不露痕迹、灵活地、巧妙地引入当天上课的内容。教师充分考虑学生的感受,抓住他们的心理,他们自然而然能很好地接受一个陌生教师,并积极、主动地进行学习。

迁移运用

走进生活打破常规

那天,要上高一必修二的作文课,主题是"亲近自然,写景要抓住景物特征"。

照例精心准备好上课的内容,有效地引入课堂。上课没多久,我举例说我们校园很美,特别是樱花园,如果写校园美景的话该如何抓住景物的特征进行描绘。这时,班上一个很调皮、不爱学习的同学突然说:"老师,写景的作文我们从小学起就很怕,你讲的这些方法小学、初中老师也讲过,但我们还是不知道怎么写,你说校园这么美,不如让我们去看看,不就知道怎么写了?"他说这话,显然不是为了能写好作文,不过就是想到教室外玩一玩,混过那一节课罢了。但他的话却得到全班同学的一致响应,极力要求我让他们到外面去。孩子们的用意我心知肚明,那段时间正值初冬,天气一直冷飕飕的,上作文课的那天刚好出了太阳。他们不就是想出去晒太阳吗?但这时如果我再按照我的教学设计往下走的话,无异于浪费时间。但让孩子们出去的话,又怕影响不好。思忖再三,我作出一个决定:孩子们可以出去,到校园里选择自己最喜欢的地点玩,注意观察与平时看到的校园有什么不同,但不能影响其他班上课,不能大声喧哗。最主要的是让他们体验一下走在阳光下的校园中心情有什么不一样。而且强调那天不用当堂写作文，可以延迟到第二天交。孩子们很高兴，有序地离开教室到他们最喜爱的天然足球场、樱花林、景观池等地点玩。我则在旁边给孩子们拍照。这次作文课我没讲多少技巧，但第二天交上来的作文却比以往任何一次作文都感人。他们说从来没想过校园有这么美。

教育感悟

　　课堂是不断变化、发展、生成的。在课堂教学中会遇到教学环境的改变和意想不到的学生的变化。学生对教师的教学方法不能很好地适应，如果这时候，教师还意识不到问题所在，那可能会出现事倍功半的后果。对于这种情况，教师要做到以学生为本，及时调整教学思路，果断改变教学方法，灵活巧妙地应对下一步的教学。这样适时地调整后，教学得以正常进行，学生学习有了兴趣，课堂不至于一团乱麻，课堂秩序也得到有效的管理，达到事半功倍的效果。

贵州省毕节市教育科学研究所　　吴长贤

化杂音为教育契机

——应对课堂中学生节外生枝

　　课堂教学之精彩在于其动态。然而，在动态教学中，有时个别学生会因过于兴奋而有不甚妥当的言行，致使课堂节外生枝，教师则因猝不及防而陷于尴尬。这种情况，有时缘于学生一时的哗众取宠之念，但大多数是因情绪激动而无意为之。这种情况一旦出现，教师不应立即针对学生言行直接进行批评教育——这样做，极易导致学生"声辩"乃至师生"辩论"，不仅破坏教学氛围，影响教学秩序和进度，还可能使部分学生感觉教师气量狭小，小题大做，从而降低教师在学生心目中的地位。较好的处理方式为：教师因势利导，以学生的言行为出发点，或结合教学内容，或借助自身知识广博深厚的优势，利用多种学科知识，将全班学生的注意力从哄笑嬉闹转移到认真听讲，从而掌握课堂话语主动权，并以此拓展学生知识面，提升学生人文素质。

> **情景回顾**

　　在讲授《致橡树》时，我引导学生讨论橡树所象征的男性之美与木棉所象征的女性之美。学生们纷纷就自己所熟悉的文学形象争相发言，各抒己见，气氛热烈。这时，一个学生说："老师，我认为女性的阴柔之美就像您的秀发，柔美飘逸。"此言一出，全班学生哄堂大笑。

我先是一愣，继而从该生手足无措的窘态和天真无邪的眼神中感受到他的稚嫩和质朴，于是莞尔一笑，等课堂渐渐安静下来，我在黑板上写了一个大大的"美"字，然后不紧不慢地说："谢谢这位同学的夸奖，我想问问同学们，人类最初是通过哪种感觉器官认识'美'的？"

问题一提出，引来一番热烈的讨论。

我告诉同学们：从心理学的角度来说，"美"是指通过刺激人的感觉器官使人在心理上所产生的愉悦感。光线刺激眼睛，产生视觉刺激；声音刺激耳朵，产生听觉刺激；气味刺激鼻子，产生嗅觉刺激；味道刺激舌头，产生味觉刺激；等等。感觉器官把这些刺激传送到大脑，产生不同的心理反应。对于很适合人体的刺激，人的大脑会释放出一种电流，使人感到愉快，产生愉悦感。

我接着告诉学生："美"是人类所特有的一种心理活动，不可能孤立存在，必然牵涉到许多方面，牵涉到许多学科，包括语言学、伦理学、社会学等等。

再从词汇学的角度来看，在现代汉语中"美"字往往与"好"字连在一起使用，组成"美好"这个词。但是，我们都知道，"美"的不一定就是"好"的，在特定的情况下，越"美"的反而越"坏"。比如，树林里的蘑菇，色彩越艳丽的，可能毒性越大。

接下来，我从伦理学的角度来谈这个问题。伦理学是关于道德的学科，其核心是善与恶。"美好"中的"好"，就与"善"密切相关。比如，当我们说某人是一个"好人"的时候，我们是在说他善良，至于这个人长得怎样，美还是丑，那不在我们话语的范围之内。但是，"美"又与"善"紧密联系。

接着我在黑板上写下两句名言：

身体的美，若不与聪明才智相结合，是毫无价值的。——德莫克利特

心灵如果不美，就不是真正的美。——歌德

最后，我分别列举最具阴柔之美和阳刚之美特色的文学作品篇目，请学生在课余阅读体会。

于是，课堂秩序恢复，教学内容深化，教学效果明显。

∨ 技巧提炼

由于学生的多变性与学生的个体差异性，课堂教学的过程充满动态感，会出现许多意想不到的小插曲。面对学生提出的离奇问题，以及不妥言行，教师不应以师道尊严压制住学生，而应因势利导，"借题发挥"，多角度、多层次发掘开拓，吸引学生注意力，调动学生自主学习、深入思考的积极性。这要求教师具备机智应对的能力，更重要的是，教师必须努力学习，不仅在本专业具备深厚学养，而且具备多学科的广博知识。

∨ 迁移运用

和珍浩气震千古，先生呐喊彻长空

对于《记念刘和珍君》，我将教学目标定位为"解斯人之事，悟彼人之怀"。在带领学生解读文本前的自由质疑环节，突然有个学生说："老师，我认为刘和珍就是一个闹事的学生，鲁迅作为老师为什么也跟着她凑热闹一起和校长作对啊？"教室里顿时闹腾起来，学生们想看看我怎么收场。我淡淡一笑，并没有批评他，而是先让学生阅读文本，勾画出直接描写刘和珍特征的相关信息，看看能否发现问题。学生迅速安静下来，拿起笔勾画。不一会儿，大家纷纷发言，信息集中在"微笑，常常微笑，始终微笑，态度很温和，和蔼的"。我再将其与下文中的"暴徒"一词进行比对，引导学生思考"究竟谁是暴徒"。接着要求学生查找鲁迅论及他们师生关系的文字，并一起对这部分文字进行解读，使学生认识到：刘和珍的勇敢颠覆了鲁迅先生以往对于学生的传统认识观念，她不再是传统意义上的象牙塔里的学生，而是为国捐躯的爱国青年，她不仅属于校园，更属于中国，因而也对她倍加崇敬。

共同解读之后，我看了刚才那个学生一眼，他马上笑着说，"老师，我之前对文本的解读不够深入细致，现在我明白了，谢谢您！"我笑着说："应该是我感谢你才对啊。你的问题给了我们一个绝佳的文本解读切入点，发现问题比解决问题更珍贵。"然后，我回身在黑板上写下"和珍浩气震千古，先生呐喊彻长空"，继续引领学生解读文本。

教育感悟

课堂上出现了杂音，学生节外生枝，往往意味着教育机会来了，若教师处理得当，则会生成别样精彩。针对节外生枝的问题，可借鉴相关知识加以巧点妙拨，不仅能化解尴尬，还能以此为契机，带领学生走向更深层次的体验。

若说显性备课让教师拥有了一桶水，足以供学生们各取一瓢饮，那么，隐性备课便可让每一位教师成为一泓清泉，泉眼无声，汩汩地泛涌阵阵清波，浸润学生心田，让他们的综合素质能够得到全面的培养和提高。《礼记》云："学然后知不足，教然后知困。知不足，然后能自反也；知困，然后能自强也。"师生教学相长，不仅能在知识的佳酿里畅饮一番，且能从内心深处，感受到荡涤尘埃之畅与通灵达悟之快。

贵州省凯里市第一中学　隆芳

劳逸适度，趣味引路

——应对课堂中学生走神

网络上流传着一句话：你无法叫醒一个装睡的人。这句话同样适用于我们的课堂。当大段艰深晦涩的文言文塞满学生的大脑时，当成本的卷子令学生感到枯燥难耐时，当大量知识点一个不落地总结在黑板上时，学生即便是有坚定的意志力也无法做到整堂课凝神倾听，于是他们开始"装睡"，表面上与听课学生无异，可思维已经跑到九霄云外了。这时，你叫他的名字，让他"醒"过来，可他已经不具备"醒来"的能力了。

教师必须通过一些特殊手段来拉回学生的思绪，使学生重新燃起对课堂教学内容的热情，增进学生的学习兴趣。

❯❯ 情景回顾

初三复习课。

我带领学生做课外文言文阅读题《炼钢》。这篇文章是具有说明性质的短文，说明了炼制真钢的过程。在初中阶段，大多数学生文言文知识基础较差，对文言文的理解仅限于简单小故事，对一些有深度的说明性文字理解不透彻。于是，我针对这篇文章进行了逐字逐句的讲解。"炼钢亦然，但取精铁，锻之百余火，每锻称之，一锻一轻，至累锻而斤两不减，则纯钢也……"几百字的文言文晦涩难懂，学生一开始对于我的提问还兴致勃勃，可随着讲解的深入，回答问题的学生越来越少，只有几个学生仍在"顽强"坚持着。我看到大部分学生都是眼神呆呆地坐在那里盯着卷子不动，或是索性玩起了手指，或是转笔，还有的已经昏昏欲睡，我知道，他们的注意力已经涣散，思绪早就跑远了。

∨ 管理过程

这样的涣散状态已经严重影响了课堂效果，导致学生不能很好地接受课堂知识，学习效率低下。如何使学生凝神？

据研究，持续聚精会神的时间，12～15岁的孩子平均为30分钟。而一节课有45分钟，如果内容讲解枯燥无味，势必会让学生注意力减弱。看着学生被文言文"折磨"成无精打采的样子，我意识到，一定要把学生的注意力找回，必须做点什么来扭转课堂颓势了！

我首先抬高声音说："孩子们，醒醒了！你们知道古人怎么炼钢了吗？溜号事小，知识学不来可就亏了！"学生们都缓过神来了，冲我歉意地笑笑。有一个平时很用功但成绩不突出的孩子对我说："老师，文言文太难了！听着听着就不知道想啥了。"我说："我看出来了，你们都被文言文'炼'了，可也要坚持下去啊，多'炼'几次不就成'纯钢'了嘛！学学保尔的毅力！"学生们被我的话逗笑了。我继续说："这样，我给大家放一个小视频，让你们了解一下现代炼钢全过程，看完之后，你们要告诉我古代炼钢与现代炼钢有什么区别！"学生们一下子来了兴致，纷纷说好。我打开早已下载好的4分多钟的视频，让学生们观看演示视频，学生都露出了愉快的神色。看完视频后，我说："大家看看，与古代炼钢有何区别？"不少同学之前并没有认真听讲，带着问题去找答案，有些语句不懂，主动问我如何翻译，最后明白了古代炼钢的全过程，完成了知识的积累。课堂最后十分钟，本是学生注意力最容易涣散的时间段，我通过一些趣味引导，让学生注意力集中，精力旺盛，使他们带着求知心完成了学习目标，及时扭转了局面。

在本案例中，学生们对于文言文讲解的注意力已经涣散，一方面是由于文言文本身晦涩难懂，降低了学生的兴趣；另一方面是因为我没有掌握正确的教学方法，没有从学生集中注意力时间上考虑问题。"趣味引路法"能瞬间调动学生对课堂内容的注意力，教师可采用一些有趣的教学手段，如播放视频音频、讲故事等，来提高课堂效率。

求神拜佛引趣味，巧妙攻克驳论文

下午第一节课最容易犯困，这时刚吃过午饭不久，孩子们大多无法凝神聚气将课堂知识点收入囊中，而且这节语文课，我要讲的是非常重要的驳论文《中国人失掉自信力了吗》。因为议论文知识逻辑性比较强，理性思维要求较高，虽然我举了一个上体育课的例子来增强学生们的兴趣，但在正式的课文分析中，学生们对驳论文的理解还是不够。课堂气氛渐渐不对劲。我扫视全班，看见有的学生已经趴着睡熟了，有的学生在小声讲话，有的学生眼睛呆呆望着黑板，一脸无奈。于是，在讲解国民党"一味求神拜佛，怀古伤今"时，我顺势给学生穿插了一段小故事：民国23年4月，国民党反动政客请第九世班禅喇嘛28日在杭州灵隐寺举行"时轮金刚法会"，要求佛菩萨来保佑。我之前在网络上了解了相关资料，就给学生拓展了一些关于时轮金刚的知识及"四头十二臂"的形象等等，后又讲述了国民党关于"中国人失掉自信力"的失败主义论调，以及他们寄希望于神灵，将战斗精神抛诸脑后的一些故事。学生听得津津有味，更有学生对国民党的愚蠢无知恨得敲桌子，直到下课铃声响起，学生们才从那段历史中惊醒，回到现实社会，对驳论文的理解也更深了。如果换作平时上课，遇到枯燥理性的议论文，学生们估计早就盼着下课铃响了。

　　爱玩是孩子们的天性，初中学生正是爱玩叛逆的年纪。可课堂知识难免会有枯燥乏味之时，而且根据初中学生注意力集中普遍不超过30分钟的特点，教师们势必要运用一些教学手段来使学生凝神，比如"趣味引路法"：劳逸结合中，穿插一些富有趣味性的小故事、视频、音频、笑话、节目等等，让沉闷的课堂重新活跃起来，让嘈杂的环境变得安静有序，让枯干的教学内容重新生长出新的血肉，变得鲜活灵动。

吉林省白山市浑江区八一希望学校　赵小越

以生为本，博采众长
——应对课堂中的意外生成

学生是独立的个体，他们都具有差异性，而不同的群体又具有不同的群体共同特点。现在的初中学生大多是"00后"，他们生在信息大爆炸的时代，有吸收各种信息的海绵功能，也有天马行空收不住的时候。面对如此多变的群体，如何做到课堂有效生成呢？这是一个值得思考的问题。

情景回顾

以七年级下册"孝亲敬老，从我做起"的综合性学习为例吧。

在"孝亲敬老，从我做起"的教学中，学生先根据课本内容，一起讨论活动方案。在拟订活动方案时，两个班表现得都很活跃。一方面接受了课本上所给的一些活动参考，另一方面也结合自己的具体情况提出了很多活动形式，但其中有些建议还是不太成熟，甚至可行性不高，例如给爸妈洗脚这一过于流于表面的形式不太适合，而基于学校本身的条件，组织专家讲座的可能性也不太大。

管理过程

学生是学习的主体，我只在关键时刻起到引领作用，就好像划龙舟，如果说教学目标是鼓，那我们教师就应该做好舵手，根据鼓点把握好方向。

因此，在学生提出一些不太符合活动目标的内容时，我及时强调了活动目标："同学们，乌鸦有反哺之义，羊羔有跪乳之恩，孝亲敬老是中华民族文化的优良传统，今天我们综合性学习的目标是：继承和发扬我国优良传统，积极参加孝亲敬老的活动，培养心存感恩、孝亲敬老、回报社会的良好美德。任何活动形式都不能脱离了这些目标，脱离了目标的活动形式，都是无源之水，无本之木哦。"已有学生动笔记录，确定自己的活动目标。

"当然，刚才大家所提出的活动形式大多是围绕主题开展的，这是值得肯定的，但是有些活动形式我们还有待商榷。例如刚才说到的给爸爸妈妈洗脚，这确实是一个孝亲敬老的活动，但是我怎么总觉得有点公益广告的感觉呢？"有学生捂嘴窃笑，看来他们也有同感，我赶紧乘胜追击："洗脚如果是常态，老师会非常感动，但是如果只是一次活动，则无疑有点作秀嫌疑。"越来越多的学生开始点头，表示同意。

"那刚才有学生提出的专家讲座可不可行呢？"有说可行的，也有说不可行的："我觉得不可行。去哪找专家啊？我们学校这么偏，专家肯定也不愿意来啊！"课堂上一下子炸了锅。我赶紧圆场："要不我们听听提出者的设计意图吧。"大家都表示同意。"我看电视上好多专家讲座，反响很好，我就想到也可以用啦！"提出者说。"哦，原来他是希望我们这次活动能够有个好的反响，让我们都能明白孝亲敬老的道理，倡议更多的人来孝亲敬老。"他用力地点点头。

"那我们能不能改成有同等效果的其他可行形式呢？"大家沉吟一下，有人举手："国旗下讲话就是这样的啊！""这位同学说得真好，但国旗下讲话可是班级在全校展示的好机会哦，我们得好好准备才行，我们前不久刚学过梁启超先生的《最苦与最乐》的演讲，大家能不能也试着写写以'孝亲敬老'为主题的演讲稿？我们内部PK，选出最受欢迎的演讲者在学校进行倡议，好不好？"大家听后热烈鼓掌，一致通过。在后来的活动展示课上，我发现学生在演讲环节表现得非常好，甚至有学生仿写了《最苦与最乐》来表达自己对孝亲敬老的倡议，真人真事真感情，十分打动人，很有感染力。

语文是人文性与工具性相结合的课程，2016年部编教材也十分强调立德树人，可想而知在语文课堂中人的重要性。一堂好的语文课，需要花很多时间备课，其中很重要的一部分就是备学生，只有充分了解学生，才能在课前预见一些可能会发生的突发状况，也只有充分了解学生，认识到学生是学习的主体，才能恰当地解决突发情况，引导学生向既符合教学目标又能发挥主观能动性的方向发展。这样不仅保证了教学目标的实施，而且保护了学生的学习兴趣，发挥了其主人公意识。

发现美，才能博采众长

在一个班级中，学生有他们的不同，也有他们感兴趣的共通点。例如他们更习惯用表演的形式来展现自己对社会现象的理解。两个班级在确定活动方案时都不约而同地选择了表演一段"孝亲敬老"的小故事。可能因为缺少表演前的指导、对主题的理解较浅，在表演时笑场的较多。台上一笑场，下面的学生就更绷不住了，笑笑闹闹，俨然一副看喜剧的姿态，我不动声色，认真观看。

"刚才大家表演得很是精彩，说明大家都有认真准备，但也有学生在评价时提到笑场这一点瑕疵。确实，作为表演者，笑场是不太专业的一种表现，对舞台和观众也不太尊重。希望表演者能精益求精。"表演的学生信服地点点头。"但这次观众的表现呢？这样严肃的主题，这样生动的内容，本没有任何可笑之处，我看到的是一种心酸，所以它并不是一个小品而是一个值得我们深思的社会现象，大家应该严肃认真。"学生们陷入了沉思。"看完表演，我也有很多感动，大家觉得谁表演得最好呢？"大家七嘴八舌地报出自己心目中的"明星"。"看来群众的眼睛是雪亮的啊，没想到平时闷不做声的王同学竟然有这么高的表演天赋啊！"大家哄堂大笑。"他的主角光环很是明显呢，不过洪同学演的父亲真是惟妙惟肖。这说明他肯定经常默默地观察他的父亲，关心着他的父亲。从他们的表现中，我能看出他们都是孝顺懂事的好孩子，让我们把掌声送给他们吧！"一时间掌声填满了整个教室。

教育感悟

其实教育不仅是育生更是育己的过程。在教育学生要学会发现美的同时，我们也要能够先发现美。语文既是一门工具性课程，又是一门人文性课程。我们要真正做到以生为本，多去了解他们，根据学生的特点确定教学目标，从学生的身上挖掘出教育素材，在教学的过程中发现美，博采众长，让课堂生成更有效。但所有的前提是我们必须起到主导性的作用，做好掌舵人。

安徽省宁国市第三初级中学　胡云

巧用文本，琢玉成器
——应对课堂中学生习惯不佳

俗话说："一千个读者，就有一千个哈姆雷特。"课堂上也是如此，一千个学生，就有一千个状态。作为教师，在课堂上会遇到学生叽叽喳喳，很难进入学习情境的情况；也会遇到课堂过于沉闷无趣的现象，整节课看起来都像是自己的表演，得不到配合，上得心累；有时还会遇到学生过于发散自己的思维，从而偏离原本的教学轨迹。有的课堂学习内容原本就非常有趣，引发了学生的兴趣，所以他们有许多话想表达出来，难免有废话，从而影响到正常的教学秩序；有的课堂内容比较无趣，孩子们不感兴趣，连带着就对这节课不感兴趣了。还有的是因为教师设定的问题太难，学生达不到要求，不会做，所以不说话。当然，也不乏一些刻意引起老师和同学注意，哗众取宠的行为。从我的班级看来，部分学生爱表现自己，引起老师、同学的注意；也有部分学生非常不希望老师注意到自己，想把自己埋进尘埃里。

在我看来，这都跟孩子的课堂学习习惯有关，因此，帮助孩子养成良好的课堂习惯非常必要。

情景回顾

那是我从中学去小学的第一次公开课，我决定教授《巨人的花园》。

这篇文章是一篇童话，对孩子来说本身就有着很大的吸引力。因为巨人冷漠地对待孩子，所以花园里才会没有春天。为了彰显巨人的冷漠，我特地把巨人说的三句话展示出来，让孩子们读出他的冷漠。刚开始，很多孩子都不敢尝试，只有个别孩子举手，喊起来读，读得并不出色。于是，我进行了示范朗读，孩子们听到了我严厉的语气，都觉得很有趣，都跃跃欲试。

我指定一个学生起来读，但是大部分男孩子还沉浸在读"喂！你赶快滚出去！"的"快乐"之中，根本没打算停下来，而且他们此时好像已经把同学当作读"滚出去"的对象，读出了变味的乐趣。

管理过程

男孩子们沉浸在这种变味的快乐中，教室后面有听课的老师，之前虽没遇到过这种情况，但这难不倒我。我提高声音，对孩子们说："巨人是一个怎样的巨人呢？"大多数男孩子被我转移了注意力，举手纷纷说："冷酷""自私"……

"好的，那下面请××同学再次重现巨人说的话，刚才我们已经练习过了，应该难不倒他。"

××同学读完，我略作点评，便以为这部分有惊无险地过去了。突然一个孩子站起来对我说："老师，我也想读。"

这个孩子我在刚接手这个班的时候就已经有所了解，据说，他曾经因为被语文教师批评钻到课桌里面过，头卡在里面好久；他一二年级上课从来不听，总是和另外一个孩子到处跑；他是班上期末考试各科均不及格的学生之一。而且我接手之后，课下时常听到他和别人产生摩擦。他语文课上也很少回答问题。鉴于这种情况，我很欣慰他能举手，很乐意给他一次机会。

他站起来，当他嬉皮笑脸地读完了第一句，全班哄堂大笑。接着他读到："喂！你赶快滚出去！"他不是看着书读的，他是看着我读的，脸上还是嬉笑戏谑的神情。我终于实实在在体会到了他的与众不同，但是没想到是在这种情况下。

我静下心来，对他说："刚才同学们已经从文本中了解到了，巨人是一个冷漠、自私的人，所以你应该用嬉笑的语气读，还是用严厉的语气呢？"

他想了想说："严厉的！"

"那你刚才用嬉笑的语气读对吗？"

"不对。"他摇摇头。

"那巨人的行为是冷漠的，自私的，所以应该是严厉的语气。那假如巨人用嬉笑的语气对孩子说'滚出去'的话，这样的语气是合适的吗？"

孩子们异口同声地说："不合适。"那个孩子也慢慢低下了头，脸上充满了愧色。

"是的，我们不能和巨人一样自私冷漠，也不能在课堂上丧失礼貌。课文告诉我们，有孩子的地方就有春天，孩子改变了巨人。我也处在孩子们中间，只是我是以一个教师的身份带你们走进更好的春天。接下来我们就来看看花园的变化……"

课堂有序地进行了下去，这只是40分钟课堂里的小小插曲。

技巧提炼

在本案例中，该生对文本中的这几句话真的很感兴趣，他本身没有坏心，只是想尝试一次并渴望得到关注。但是这种刻意反而弄巧成拙，我从文本出发，把课堂、学生、文本串联起来，把学生从他不尊重课堂的行为中拉出来，潜移默化地让他明白，我们所有人，和文本中的巨人一样，都具备这样或那样的缺陷，关键在于能认清自己，能改变自己。

迁移运用

扎实练好基本功，偷懒取巧不可取

"老师，上节课的口语交际，小冯不参与我们的学习小组讨论。"语文学习小组的组长刚上课就举手跟我汇报这一情况。小冯怯生生地看着我，因为这已经不是第一次了。

其实小冯是一个很聪明的孩子，成绩也不错，就是不爱说话和回答问题。其实班级里不光他，有很多孩子一遇到回答问题都不肯张口，但是考试书写他们都会。课堂上其实很需要他们去解决难题，但是他们的小手就是不肯举起来，金口也难开。所以遇到灵活一点的题目，会的不张口，不会的答不到点子上，作为老师，有时候真的很难受。

针对这个问题，我也觉得很是无奈。我挥挥手说："知道啦，今天我们来上新课，名字叫作《纪昌学射》。"其间我问同学们："纪昌的眼力明明已经练得很好了，为什么飞卫还让他回家继续练眼力？"很多同学举手，小冯可能想弥补点什么，也举了手。

我叫他起来，他说："因为练得还不够。"

"对的，还不够。那老师接着问问你，为什么学射箭要练眼力？"

"因为练眼力是学射箭的基础！"

"我们想要学好任何东西，都要有扎实的基本功，对吗？"

"对。"

"那小冯，你想学好语文吗？"

"想。"

"俗话说，语文语文，除了文字，还有语言，所以课堂上的表达也很重要，这也是语文的基本功之一。我发现你很善于思考的，但是不善于表达。与其说不善于表达，倒不如说不乐意表达。从现在开始，我们一起练好语文的基本功之一——表达，好吗？"

"老师，我知道了。"

"同学们，我们不能小看任何基本功，只有勤奋、坚持，给自己打好扎实的基础，才会在将来的学习中立于不败之地！让我们一起表达出来吧！"

这之后，课堂上的小手如雨后春笋一样举出来，我再也不担心课堂沉闷啦！

　　拥有了好习惯就等于成功了一半，对于小学生来说，课堂习惯显得尤为重要，如果能够在课堂教学中潜移默化地去传授一些好习惯，并将它们切实地融合在后进生身上，反而比一味地说教更有效。有的文本本身就已经起到了榜样的示范力量，有的文本又如镜子一样，能够照出孩子身上存在的习惯问题。当孩子在课堂上养成良好的习惯，语文教学就事半功倍了。

安徽省宁国市津北小学　臧欣雅

巧借曲径，通达幽境

——应对课堂中的横生枝节

　　课堂教学活动好比一次寻幽探美的旅行，老师是见多识广、认真负责的导游，提前规划"路线"、设计活动，以期带领学生直达幽胜之境。

　　但是学生这一"游客团体"喜好不一、储备各异，常会在"旅行"中横生枝节，走入曲径。

　　这时就需要老师灵活应对，带着学生从曲径通达幽境。

❯❯ 情景回顾

　　高三一轮复习课。

　　课前三分钟，按照复习计划，课代表组织学生齐背《逍遥游》。背书声停，我正要提醒学生拿出默写本进行对应的理解性默写测试时，已有学生喊道："来，拿出默写本！"这说话的口气竟与我一般无二，其他人哄笑起来。这时又有一个声音飘出："老师，就不能换一下内容吗？最近一直是课前默写，让人很厌烦！"顿时教室里炸开了锅。我循声望去，后门处的男生李鹤峰正无惧地望着我，用恳切且坚定的语气说："这是我高中最后一节语文课，老师，您该给我留下无穷的回味！"教室里一下子安静下来，可那一双双凝望的眼神仿佛在帮着李鹤峰抗议。

　　我忽然想起前几天他们班主任提到李鹤峰家里帮他找了一份国企焦炭

厂的正式工作，而他成绩不好、高考无望，看来是去意已决。

管理过程

这横生的枝节是无法忽视的，看着讲台下期待的眼神，我灵机一动：何不以此为契机，引出将要复习的送别诗呢？

想到这，我说道："感谢李鹤峰的提醒，老师都忘记今天是他离开的日子。相逢是缘，但有聚必有散，我们能做的就是送上深深的祝福！按说我们应该吃喝相祝、唱歌相送，但现在正在上课，这可怎么办呀？"

"写、说、诵就行，这可是语文课呀！"立马有人出谋划策。

"可是具体怎么实施呢？"看来学生已有主意，那我就要穷追不舍。

"我们想小合唱李叔同的《送别》。""我要诵读《别董大》！""那我就改写一首古诗。""我们组进行'古诗词'大串烧。"……学生纷纷谈想法，生怕自己的好点子被别人抢占，之前沉闷死寂的课堂一下子热闹起来，甚至有人自荐做主持人。于是一场独特的"送别盛宴"拉开帷幕。

早就知道这帮孩子多才多艺，只是高三题海占据了他们施展的机会，这节课就像误入的曲径，我们边走边探，一路风景奇美，最终通达语文的诗意殿堂。

直到下课，还有个别学生没来得及展示，只好以书面形式送给李鹤峰。整整一节课，共展示四十余首古今中外的送别诗歌，而我竟轻松地做起摄影师。李鹤峰主动要求作最后总结，讲台上的大男孩泪流满面、声音哽咽："感谢大家用别样的'送别宴'为我的高中最后一课画上句号，无论走到哪里我都不会忘记大家的祝福和惦念。谢谢你们！"教室里哭声一片，有感动、有不舍。

技巧提炼

在本案例中，该生课堂打岔虽事出有因，但也扰乱了课堂预设。这时教师要善于抓住"意外状况"，灵活调整，毕竟处处皆教育，只要巧借得好，就能达到"曲径通幽"的效果。

∨ 迁移运用

"移花接木"，打通课堂

好的课堂犹如一首曲子，曲尽，余音绕梁。

很显然，昨天课堂上学生的情绪被调动起来，今天课前三分钟照惯例背诵古文时，就有学生用期盼的眼神看着我，甚至能听到有人小声念叨："今天能像昨天一样上课就好了。"

我窃喜，看来昨天的"曲径通幽"效果非同一般。但一堂课的探"幽"还远远不够，今天我要主动抓住契机，"移花接木"，打通课堂。

于是我说："同学们，昨天我们依依不舍地为李鹤峰送别，今天送别之词曲仍萦绕在我们心头，但仅停留在收集整理层面，我们可能无法抵达诗意的顶峰，所以这节课让我们以上节课大家展示的诗词为素材，上一节离别诗词鉴赏课，进一步品味那让人黯然销魂的离情别绪。"

看到学生有些迷茫的眼神，我作进一步的引导："所谓鉴赏，就是挖掘其'写什么''如何写''为何写'。具体到送别诗，我们就可以从'送别诗的题目特征''为何离别''何时何地何人送别''描写了哪些意象''离别双方的情态和情感''描写送别的手法'等方面进行分析。"

学生恍然大悟，但立马有人提问："可是赏析角度太杂，诗歌篇目又多，这工程太浩大了吧！"

有问题就说明他们在思考，这是好现象。"是挺烦琐的，但肯定能完成，就看你们采取什么技巧了！"我故意引导学生自己解决问题。

"这好办，分组进行呗！"有人立马给出对策，这也是我最想要的。

"老师，我能当这节课的导演吗？"班里的诗词爱好者崔浩自告奋勇。

"好呀，我都没有想到！"我鼓励着。

于是崔浩开始分工，正好每个小组一个探究方向，他还在黑板上画了个表格，让各组填写研究成果。

从分工、研究到展示总共用了30分钟，能这么短时间通过合作解决如此复杂的问题，真是厉害！学生们都为自己的付出和收获感到欣喜。

课程到此，我们算是完成了本节课的学习重点，学生们也学会了如何鉴赏送别诗。可是我们课堂的最终目的还是要和高考接轨，尤其是高三了。于是我进一步设置难点："无独有偶，2017年全国卷Ⅱ考的就是一首送别诗《送子由使契丹》，让我们来试试咱们刚才总结的规律，看看是否准确可行。"

思考片刻之后，就有学生抢着从标题、为何离别、送别时的情感等方面进行鉴赏。

在总结课堂时，我进一步引导："昨天我们与李鹤峰告别，今天大家就会想念他，别后之思是人之常情。可是在古代社会里，因交通不便、通信困难，两地离别犹如生死相隔，那别后之思就更非同一般了，明天我们再来一场'相思盛宴'，希望大家提前搜集相关诗文。"任务刚布置下去，就听到有人在谈论着怎么去做，这执行力真是前所未有。

就这样，我利用一个"节外生枝""移花接木"，将三四节课完全打通。

≫ 教育感悟

课堂固然离不开预设，但"横生枝节"却是不可避免的。学生是鲜活的个体，只有他们灵动才能使课堂精彩生动。老师不要害怕"事与愿违"，更不要阻碍"横生枝节"，要知道教无定法就是要求老师大胆创新，巧借学生创造的曲径，"移花接木"，最终探寻到课堂教学的幽胜之境。

山西省吕梁市高级中学　袁敏

诵读教学，诗意课堂
——应对课堂枯燥乏味

在语文课堂上，经常会出现枯燥乏味的情况，尤其是在诗词教学中，学生往往缺乏鉴赏能力，对古典诗词难以产生兴趣。针对这种情况，老师不能一味地讲解，否则，极有可能会出现这种尴尬的景象：老师在讲台上讲得天花乱坠，学生在底下听得昏昏欲睡。这时，老师可以运用诵读教学来改善这种状况，同时借助音乐、图片、视频以达到激发学生学习兴趣的目的，让课堂焕发新的活力。

情景回顾

我在带领高一学生学习柳永的《望海潮》时发现，学生对这首词不感兴趣，也欣赏不了这首词的诗情与画意，学生在朗读时存在的普遍问题是没有情感，也不知道应该表达怎样的情感，更不清楚如何表达情感，课堂氛围比较沉闷。

管理过程

这种枯燥沉闷的课堂是没有意义的，我决定运用诵读教学来改变课堂氛围，通过引导学生反复朗读，激发他们对古典诗词的学习兴趣。

我说："诗言志，词言情，情感是诗词的灵魂，鉴赏诗词首先应该把握诗情。诗词的情感如何把握呢？我告诉大家一个好办法——抓诗眼或词眼。何为诗眼或词眼？就是能抒发诗人思想感情的字眼。大家一起来找一找，这首词的词眼是什么？"

学生低下头朗读了一遍，找到了答案——"归去凤池夸"的"夸"。对此我进行了肯定，又问学生"夸"的含义是什么，学生回答"夸耀、赞美、歌颂"。我又继续问："词人在夸什么呢？"学生又朗读了一遍，找到了答案——"异日图将好景"的"好景"，词人在夸杭州的好景。"那么杭州的好景到底好在哪儿呢？"学生还是通过朗读又找到答案——"东南形胜，三吴都会，钱塘自古繁华"的"繁华"。

接着我对学生说："要想更好地把握住情感，我们可以设身处地地把自己想象成诗人，你现在就是词人柳永，你看到了杭州城的繁华与美丽，你是一种怎样的心情？"学生都踊跃回答："我感到惊叹""我觉得心旷神怡""看到如此美景，我会心生愉悦""我羡慕在杭州生活的居民"。对于这些答案，我都给予了肯定。"大家就带着喜悦、惊叹、艳羡之情来朗读这首词"，我这样引导学生，果不其然，学生们在第二次齐读时，有了明显的进步，对这首词也有了整体的感知，学生们的积极性逐渐被调动起来了。

学生明白了诗情，但不知道该如何声情并茂地表达，于是我引导学生："当你热情地夸赞一个人的时候，你是什么样的心情？脸上是怎样的表情？""心情当然是非常喜悦的，脸上也充满了笑容。""那就把情感、表情、手势、眼神都加入进去。"为了让学生更好地感受，我做了示范朗诵，配的音乐是大气磅礴的《故宫的记忆》，这首曲子与这首词的壮美景象恰好是吻合的，演绎出了上阕的气势磅礴和下阕的柔美祥和，最后表现出了词人喜悦、惊叹、艳羡、夸赞的情感。朗诵完毕，学生还沉浸其中，他们已经感受到了诗词的美，在之后的鉴赏"画意"环节，每一位同学都踊跃发言，用优美的、散文化的语言描绘出了一幅幅画面。特别是在鉴赏"云树绕堤沙，怒涛卷霜雪，天堑无涯"一句时，有同学联想到了苏轼的《念奴娇·赤壁怀古》，其中"乱石穿空，惊涛拍岸，卷起千堆雪"与之有异曲同工之妙。还有同学即兴演唱了这首豪放词，赢得了同学们的阵阵掌声。这堂课在同学们的热烈讨论和美的享受中结束，收到了良好的教学效果。

这个案例运用的就是诵读教学法，是针对语文课枯燥沉闷的现象所使用的增强学生学习兴趣的课堂管理技巧，通过引导学生反复诵读、教师示范朗读，让学生真正体会、感悟到诗词之美、文学之美、艺术之美，从而激发他们的学习兴趣，将枯燥乏味的课堂变成充满诗情画意的艺术世界。

有一次公开课，我讲的是《孔雀东南飞》，这首长诗共1785字，篇幅太长，我采用的依然是诵读教学法，利用话剧的形式，让学生将这个故事演绎了出来。我首先确定演员焦仲卿、刘兰芝、旁白、焦母、刘母、刘兄，之后让学生背会自己的台词，再借助洞箫名曲——《绿野仙踪》，在课堂上表演了课本剧——《孔雀东南飞》。小演员们都非常投入，尤其在表演"兰芝被遣"和"双双殉情"时，刘兰芝的扮演者痛哭流涕、悲伤不已，旁白读道："生人作死别，恨恨那可论？念与世间辞，千万不复全。"在场的所有人为之动容。学生们的兴趣就这样被调动起来了。

课本剧结束之后，我又组织了问题探究环节，问题是："造成焦仲卿、刘兰芝爱情悲剧的原因究竟是什么？"学生对此展开了激烈的讨论，并各抒己见，提出了许多独到的见解，有同学说是因为封建家长制，焦母和刘兄是封建家长制的代表，他们联手逼死了焦仲卿和刘兰芝；也有同学认为这只是原因之一，跟焦仲卿也有关系，焦母与兰芝的矛盾由来已久，作为儿子和丈夫，焦仲卿并没有事先协调好母亲和媳妇之间的关系，又在兰芝被逼婚之前没有采取妥善的解决办法，作为丈夫，他是不称职的、不合格的，他没有做到防患于未然；还有同学认为刘兰芝也有原因，刘兰芝性格刚烈，焦母霸道蛮横，两人性格不合，焦母是家庭的主宰，如果兰芝不进行调整、不作出改变、始终坚持自己的话，她是无法融入到焦家的，那最终只能以悲剧收场；更有同学注意到焦刘两家存在本质的差异，两家的教育理念和人伦秩序截然不同，焦家是封建礼教统治下的传统家庭，而刘家是开明自由的新式家庭，少有封建礼教的压抑，这也是两人悲剧的原因之一。

学生们的答案令我惊喜万分，我没想到孩子们竟有这样的悟性，提出如此有创意的见解，令我大开眼界，我只是运用了诵读教学法和创设情景法，将这首诗改编成课本剧并在课内演出——将课堂交给了学生，让他们成为学习的主体，真正达到感染、启发学生的教学目的。

❯❯ 教育感悟

诵读是语文教学过程中必不可少的方式，通过诵读可以使学生对课文加深印象，深刻体会课文的主旨，尤其是在诗词教学中，诵读的作用不可替代，学生通过反复吟诵，不仅可以知书、达礼，更能提高自己的审美能力，树立正确的人生观。

北京市第八中学乌兰察布分校　汪帅

课始收心，音像入境

——应对课始收心难

　　课间十分钟，学生从上节课的紧张气氛中得以短暂休息。性格活泼的学生可能会一起疯闹，性格安静的学生可能会小憩，有些惜时如金的学生可能见缝插针做一道理科习题，背几个英语单词。许多学生对语文课的课前准备很不重视，使得语文课始的收心成为一个问题。对此，我们有哪些技巧可以使语文课堂先声夺人，让学生快速进入语文课的场域中？其中，音像入境法是一种行之有效的课始收心技巧。

情景回顾

　　这节课的教学内容是《林黛玉进贾府》。预备铃响过，我已经站在讲台上。教室里依然一片喧闹，有的学生在聊天，有的学生在疯闹，有的学生在走动，有的学生在喝水，有的学生埋头于数学题海中苦思冥想，有的在背英语单词。但就是没看到几个学生在读语文，班上没有一点儿要上语文课的气氛。

管理过程

　　面对学生对语文课的漠视，我也是有备而来。我让课代表打开多媒体，插上U盘，开始播放我精心制作的课件。课件的起始是87版电视连续剧《红楼梦》的插曲《枉凝眉》。随着鼠标的点击，《枉凝眉》凄婉的旋律伴着感伤优美的曲词萦绕在教室的每个角落；以87版电视连续剧《红楼梦》中林黛玉、贾宝玉、王熙凤等经典形象为画面制成的幻灯片一页页在屏幕上翻过。"一个是阆苑仙葩，一个是美玉无瑕。若说没奇缘，今生偏又遇着他；若说有奇缘，如何心事终虚化？啊……啊……一个枉自嗟呀，一个空劳牵挂。一个是水中月，一个是镜中花。想眼中能有多少泪珠儿，怎禁得秋流到冬尽，春流到夏。啊……啊……"

做题的学生抬起了埋在试卷中的头，疲惫的眼神中掠过一丝惊喜；读英语的学生被吸引，收起了手中的英语书，凝神于屏幕；嬉闹、走动的学生立即回到自己的座位上。同学们有的用手托着下巴，有的正身端坐，有的闭目静听，有的低头欣赏乐曲。所有人被《枉凝眉》凄美的曲词和旋律打动，静静地欣赏、品味，深深地沉浸在《红楼梦》凄美的氛围里。

《枉凝眉》曲终，我这样导入《林黛玉进贾府》一课："'一个是阆苑仙葩，一个是美玉无瑕。……一个枉自嗟呀，一个空劳牵挂。一个是水中月，一个是镜中花……'一曲凄婉动人的《枉凝眉》，传唱着林黛玉和贾宝玉荡气回肠，但一片真情终虚化的爱情悲剧。今天，我们来欣赏宝黛初会的惊鸿一瞥，并通过宝黛初会探索宝黛爱情悲剧的必然性。"

《林黛玉进贾府》一课的序幕就这样拉开了。由于课始选择了音像入境法，学生很快被吸引，并迅速沉浸在这一课所需要的氛围中。

技巧提炼

这个案例中的音像入境法，是针对语文课伊始，学生嬉闹、走神等心在旁处的现象所使用的快速收心的语文课堂管理技巧，是语文课导入技巧的一种。有些语文教学内容，需要营造独特的课堂氛围。但是，有的学生经过课间十分钟的休息后精神兴奋，即使上课了依然嬉闹难平；有的学生还陷在上一节课的教学内容里苦思冥想；有的学生还在走神发呆；有的学生争分夺秒地小睡一会儿，迷迷糊糊。针对以上学情，语文老师需要在课始迅速抓住学生的眼球和心灵。音像入境法，选用与课堂氛围相适应的音频和视频，特别容易激发学生的兴趣，为整节语文课营造了浓郁的氛围，奠定了与教学内容相适应的基调，不失为一种让学生迅速心归课堂的好办法。

迁移运用

天籁之音，情境导入

又有一次，我要上一节参赛课，这节课需要进录播室进行现场录课。教学内容是余光中的散文《听听那冷雨》。面对这样一篇唯美的散文，鉴赏点太多了，短短45分钟该是多么短暂！虽然我的教学设计是有所为而有所不为，但由于这篇散文长达4000多字，文字优美，意象迭出，时空广阔，抒情气氛浓郁，诗化特征突出，要完成教学任务，需要分秒必争。这就要求我从预备铃开始，迅速为这节课的教学营造氛围，把学生快速带入这节散文鉴赏课所需的意境中。在课堂导入环节，我依然选用了音像入境法，起到了很好的效果。

记得那节课是一个上午的第三节课。我提前去录播室调好课件，做好上课的准备工作，在录播室等待学生。第二节课的下课铃声响了，接下来是20分钟的大课间休息。5分钟过去了，没有学生来录播室。我心急如焚。10分钟过去了，学生三三两两地结伴向录播室走来。我焦急地站在楼道上向教室方向张望。离上课还有5分钟，学生终于来齐了，但由于换了一个教学场所，同学们似乎很兴奋，很新奇，叽叽喳喳，交头接耳，并不能全都按我的要求默读《听听那冷雨》一文。

为了把学生快速带入课文的意境中，我开始播放课件的序曲——一段淅淅沥沥下雨的视频。雨珠在屏幕上跳跃，雨声在耳畔响起。身在录播室，似乎已经身处大自然迷蒙的雨雾之中。在课件序曲的视听冲击下，学生很快安静下来，为这来自大自然的天籁之音所吸引，沉浸在美妙的听雨之中。正式上课铃声响起，我把课件中雨声的音量调小，由刚才的听雨引出本节课的导入性问题："同学们，你们知道哪些写雨的诗句？"在课件所营造的雨意蒙蒙的意境中，学生一句接一句地背出了从小学以来学过的写雨的诗句："沾衣欲湿杏花雨""白雨跳珠乱入船""渭城朝雨浥轻尘""小楼一夜听春雨""山雨欲来风满楼""好雨知时节，当春乃发生"……

音像入境法，再次快速把学生带入课文所需要的意境中，为这节散文鉴赏课奠定了听雨、赏雨、品雨的氛围。

❯❯ 教育感悟

语文课的教学内容，往往是师生以文本为媒介的心灵对话，带有浓郁的抒情特征。面对在应试中身心疲惫的学生，我们如何在一节课的起始，设计一个声情并茂、先声夺人的导入，帮助学生快速完成从其他学科教学内容到本节课教学内容的切换，显得尤为重要。一个成功的导入，是成功进行课堂管理的凤头。精心设计凤头，课堂管理就成功了一半。

湖北省襄阳市东风中学　张艳

扣人心弦，充满机智
——应对课堂沉闷无趣

语文课堂本应充满活力，但有的语文课却显得沉闷无趣。这既与应试教育大背景下学生对语文重视程度不够有关，也因为语文教师束缚手脚，使本来生动有趣的语文课堂变得枯燥无味。如果语文教师充分挖掘语文课程本身和自身优势，使用扣人心弦的课堂语言，加上充满智慧的课堂管理，完全可以使语文课堂变得生动有趣，充满活力，促进学生语文学习效率的提高。

∨ 情景回顾

2008年8月，我准备了一节公开课，给大家上的是《咬文嚼字》。我一方面通过文中"语言"的案例，来演示"推敲"的妙趣，在此基础上引导学生领悟出文本案例中所隐含的哲理，追求"扣人心弦"的效果；另一方面，我以一块醒木、一把纸扇为道具，借用了刘兰芳等人的评书艺术和《百家讲坛》的艺术技巧，讲述时娓娓道来，抑扬顿挫，加上模拟表演，赢得了在场师生的关注。课后，一位教育界老前辈找到了我，说："王老师，你的课上得很独特，值得认真揣摩。有机会可以整理推广。"

∨ 管理过程

那一天，我首先把几样"道具"放在讲桌上，正气凛然来了一声"上课"，全场起立，坐下。听课老师也不知道我葫芦里卖的什么药，连同学生一起注视着我。我不紧不慢，说了一声："你是没有骨气的文人！"大家张着嘴巴看着我。我把醒木一敲，"唰"的一声打开纸扇，又义正辞严地来了一句："你这没有骨气的文人！"

趁着大家还在回味中，我在黑板上写下了几个字：咬文嚼字。

聪明的学生意识到今天上课的内容，叽叽喳喳地议论着，听课老师也会意地笑了。

接下来，我便请学生讨论课文《咬文嚼字》的几个案例。同学们兴致勃勃，有的还绘声绘色地模仿着。

整个课堂气氛十分活跃。在此基础上，我便请学生谈谈对下面一段话的理解：

"但是在文学，无论阅读或写作，……咬文嚼字，在表面上象只是斟酌文字的分量，在实际上就是调整思想和情感。"

因为我知道，应该适时把学生从热烈的事例讨论中，引向对文本主旨的理解，促使学生思维的提升。

接下来，我走下讲台，来到教室门前，配合动作，演示"鸟宿池边树，僧推月下门"中是用"推"，还是"敲"的意图。结合贾岛、韩愈所处的环境，我们一起揣摩他们各自到底要表达什么，让学生领会到，在文字上"推敲"，本质上是思想情感的"推敲"。

学生的兴致又一次被调动起来，他们跃跃欲试。我便把事先准备的几个语言推敲的案例，写在黑板上。

接下来，我便引导学生分析文中那"独携天上小团月，来试人间第二泉"等案例，引导学生联想其独特含义，思考如何识别和避免"套版效应"等问题。

此时，我判断学生已经基本理解文中的意图，于是便邀请学生总结、归纳这节课的感受。学生兴致很高地谈了自己的理解。

"阅读的时候，一定要知道作者所处的环境、生活的背景，这样才能更好地理解文章的意图。"

"写作的时候，一定要想清楚自己到底想表达什么意图，不能图省事，找一个所谓漂亮的词语来应付。"

"运用语言其实是一件很认真的事情。"

针对语文课堂的沉闷无趣，教师教学时要紧紧抓住学生心理，借助于评书艺术等艺术手法，积极创设生动有趣的课堂氛围，消除学生在课堂上的疲倦情绪。评书、京剧、朗诵、演讲等艺术形式，都可以为我们所借鉴，"拿来"为语文所用，为课堂所用，使我们的语文教学锦上添花。教师在课堂教学中借用有关演唱艺术时，一定要恰到好处，不能滥用，更不能为了迎合学生的低级趣味，或猎奇心理，去媚俗。那样的话，势必与教育者的初衷背道而驰。

激情朗诵，师生"共鸣"

《记梁任公先生的一次演讲》一课看似平淡，学生兴趣不大，兴致不高。我借助于我的教学语言善于表达情感的优势，成功调动了学生的情感，达到了理想的课堂教学效果。

"我记得他开头讲一首古诗……我在听先生这篇讲演后二十余年，偶然获得机缘在茅津渡候船渡河。但见黄沙弥漫，黄流滚滚，景象苍茫，不禁哀从中来，顿时忆起先生讲的这首古诗。"

此处语言，不仅是作者平生极为深刻的感悟，也是具有审美和教育价值的典范性事例。为了让学生留下深刻印象，我采用了富有深情的朗诵方法，语言力求厚重、字正腔圆，力求演绎梁实秋内心世界的激动——经历了人世沧桑之后的那种对先生当年演讲的回味。

我读到此处，全班震撼了，仿佛学生的心跟着我，跟着梁实秋先生，一起品味文本的含义。

"先生的讲演，到紧张处，便成为表演。……先生又真是于涕泗交流之中张口大笑了。"

这一段文字，既有先生对《桃花扇》中那国家沦亡的伤感，也有安史之乱之后饱经战乱之苦的杜甫在收复故土时心中的安慰和狂喜。什么是家国情怀，这里就充分地体现出来。我在朗诵时充分考虑人物情感的变化，恰到好处地演绎文中所要表达的情感。朗诵时，情不能自已，不禁流下了滚滚热泪。

我的学生也被感染了。班级里十分寂静，随后爆发一阵不息的掌声。

这两处，我借助于激情朗诵，充分表达其文本意图，再通过师生对话、步步推演，最终达到理想的教学效果。

教育感悟

语文课堂需要灵气，但学生未必理解老师的良苦用心，又忌讳老师的说教。教师剖析文本，他们会觉得无味；而师生共同探究，学生由于长期处在被动的应试教育环境下，失去了探索的勇气。如何科学管理好课堂，打破语文课堂沉闷和枯燥的气氛，确实需要我们教师针对学生的学习心理，在课堂设计中，挖掘语文教学的自身优势，汉语教学的内在魅力，比如教师的语言魅力、绘声绘色的"表演"、对文本精彩的演绎等，来调动学生学习的积极性，形成理想的课堂氛围。

安徽省肥西鹏程学校　王国敏

标语入心，箴言育人
——应对课堂风气不正

课堂管理需要外在人文环境的精心营造，让学生在课堂上时刻感受到语言的魅力，保持良好的学习状态，在懈怠疲惫时能够及时自省顿悟，提神儿长劲儿。这需要教师灵活地创设好课堂环境，利用标语、箴言、评语等，恰当地对厌倦、疲乏、走神及具有不良习惯的学生进行因势利导。

情景回顾

高一新生刚刚入校，便不让人省心：奇装异服——足踏人字拖鞋，身着跨栏背心；怪异发型——毛刺头、鸡冠头、银灰发、橘红发；粗言秽语——第一节语文课，有个孩子不小心踩了同桌的脚丫，被踩的女生张口而出"我靠，你瞎啊"，顿时课堂上发出如雷笑声。面对着这些在初小就沾染各种不良习惯，中考只考可怜的两三百分的未成年人，身为语文老师的我，不禁深深地皱起了眉。

管理过程

这种现象在农村中学里比较常见：个性穿着、怪异发型、粗俗语言、不雅举动……这既与孩子的家教息息相关，又与同伴影响密不可分。长此以往，形成班风校风，就会真正影响孩子身心健康成长。因此，语文课就绝非单纯进行语文课教学就可以了，发挥其语言魅力、提高德育功效远比积累知识、做对题目重要得多。

我看了那个口出秽语的女生一眼，她用狡黠的目光看着我，仿佛是挑战，又似试探。我灵光一闪："有一次上班快迟到了，我飞快地穿好衣服，跑上公交车，车里早已人满为患。我只好站在过道里，手握吊环。突然一个急刹车，我不由地向前一冲，碰到前面衣着光鲜的女子，我正想说'对不起'，那女子先是给了我一个白眼，继而脱口骂道'德行'！车厢里的人有的窃窃而语，有的哈哈大笑。"教室里的学生也哄堂大笑起来。

那个口出秽语的女生笑得最响。我又瞥了她一眼，故意问道："孩子们，她的言谈举止和她的光鲜衣着一致吗？""不一致！"孩子们异口同声地说。"如果用刘基《卖柑者言》的一句话来形容她的话，你觉得那句最好？""金玉其外，败絮其中。""正确，请学委将这句有内涵的箴言写到黑板上，请同学们认真写到笔记的第一页上，告诉自己，不要做一个这样的人，而去做一个——"我故意拖着腔，等着孩子们的响应。

出乎意料，这次居然是那个口出秽语的女生抢先说道："我们要做一个衣着光鲜，言谈得体的人。""好！"我不由地带头为她鼓掌，趁机让她将这句话写到黑板上，让所有孩子把这句话也写到笔记第一页上。语文课堂便安静有序得多了。我接着说："孩子们，当时老师从容地对车上那个女子说：对不起，小妹妹，这不是'德行'，是'惯性'！"果不其然，教室里和公共汽车上一样地爆出开心的笑。我则趁机将"惯性"≠"德行"写在了黑板上，说："一个人的德行绝不在于他/她的衣着发型的新潮奇异，而在于他/她的大方得体、谈吐优雅。请同学们将这句'王师箴言'记到你笔记本的第一页上，印到你的脑子里，付诸行动上。"

我看见每个孩子都认认真真地写下了这句话，并且自觉地坐好；那个口出秽语的女孩更是坐姿端正，目光如炬地听讲，再也没说一句脏话。

技巧提炼

在本案例中，针对刚组建的新班级存在的各种思想和行为问题，我利用课堂语言、箴言等教育方式，使学生个体自觉认识到问题，达成想要的管理效果。尤其是由学生得出结论，并利用班集体的力量，增强个人的存在感和成就感，从而加强学生自我管理的能力。

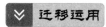

标语醒目可走心，箴言振聋能育人

组班伊始，我召开专题班会，班会的标题是"相亲相爱一家人"，在展示班级全家福后，依次确定班名（王者一班）、班歌（《永远的一班》）、班号（王者一班，所向披靡；同心同德，共创奇迹）、班训（有梦想、负责任、肯奋斗、能团结、懂感恩）、班级目标（一班有我，样样第一；我是一班，事事争先）、班主任寄语（山高万仞我为峰，英雄至此敢争先）……然后，将这些标语张贴在教室前后左右的墙壁上，每天上下午课间操高呼班号，每周学唱班歌，围绕班训、班级目标和班主任寄语进行专题写作和演讲。很快地，每个孩子都通过标语口号，对班级有了认同感、归属感。励志标语内化入心，班级精神日渐形成。

每次语文课上，我都让学生轮流值日，在前面黑板上写下自己的座右铭，并进行相应的阐释。有一段时间，班级里出现了比较浮躁、各行其是的现象，身为班长的鲍小超同学想通过书写座右铭和演讲对同学们敲响警钟。我问他想要写那句话，他说："我想写'人聚在一起叫聚会，心聚在一起才叫团队'。"我说："很好，就它了！"

语文课上，班长将座右铭写到黑板上，开始了他的演讲，他说："很多时候，孤单是一群人的狂欢，狂欢是一群人的孤单。真正的孤独并不可怕，实实在在地做着自己，内心忧郁却并不空虚，这是一种自我和本我的狂欢；而空虚的人，害怕孤独，一刻也静不下来，只得在与人的交往和'狂欢'中忘却自我，没有时间去感受内心真实的自己，一旦安静下来，顿时倍感孤独。我们要学会享受孤独，更要学会凝心聚力办大事。因为一滴水想要永不枯竭，就需融入大海，同天地成为永恒；一个人想快乐幸福，就要学会融入集体，和师友共度芳华；一个集体想要强大致远，就要凝心聚力，做到'人心齐，泰山移'。"有的同学频频点头，屡屡称是；有的则蹙眉沉思，沉默不语；还有的羞赧面红，颇显窘态……

我趁机说："严重同意鲍同学的观点，分享一句格言：如果你想走得快，那么你就一个人走；如果你想走得远，那么就和大家一起走！请大家把这句箴言记下来。要想既走得快，又走得远，就必须学会在孤独中思考，在集体中聚力，只有这样，我们才真正是个'家'，才能让每个孩子都不走丢，不孤单。大家说对不对？"全班同学异口同声地说："对！"

此后，班级里真正安静下来了，同学间有问题、有困难都能得到其他同学的帮助了，大家既能在孤独中思考问题，又能在团结中学会互助共进，班级里风清气正，同学间其乐融融，班级凝聚力空前强大。

✔ 教育感悟

每个班级都有各自的问题和特点，如何利用标语箴言对学生进行班级文化的内在教育，使学生在课堂上、在语言的交流中、在标语箴言的理解中，得到潜移默化的教化，是一个值得研究实践的课题。

首先要善于观察，了解学情：通过观察学生的穿着打扮、言行举止，了解学生的性格、家庭、文化积淀等，在此基础之上，分析确定对策，选择相应的时机和标语箴言，进行适时的交流。其次标语箴言要有整体设计，营造大环境：每个时段应有不同的标语，每个现象可以选择不同的箴言，通过班级集体活动，形成班风与班规和长效机制。再次，教师要灵活驾驭语言、调度班级氛围，利用恰当的时机和题材，协同部分同学，进行适时的管理和教育，从而达到师生同心、齐抓共管的效果。

山东省临清市第二中学　王泽宾

插图激趣，相得益彰

——应对课堂人文环境不佳

不知道大家是否记得，曾经有一幅普通的语文课本插图，被网友涂鸦成"杜甫很忙"系列。而在我的班级里，也有这样的几个学生，喜欢在语文书上乱涂乱画，尤其是课本中的一些插图，随手添加几笔，便面目全非了……究其原因，或许是受网络里娱乐无极限的影响，把课本资源当作个人创作的园地；或许只是无聊之举，在课堂上思想走神后天马行空，无心无意而为之。殊不知，这种涂鸦行为是对他人对文化的不尊重，也不利于营造良好的语文课堂人文环境。

其实，语文课本上的插图，大都紧密配合课文内容，教师如果能巧妙加以利用，一定会激发学生的学习兴趣，为我们的语文课堂增色添彩。

情景回顾

刚刚总结了《列夫·托尔斯泰》的课文写法，我走到学生中间，准备布置一下当天的课后作业。

"老师，你看他的语文书！"一位女同学带着神秘的微笑，悄悄地指向同桌的语文课本，旁边的那位同学涨红了脸，欲用手盖住自己涂鸦的地方，但课本上列夫·托尔斯泰的高鼻梁上架起的眼镜和被涂黑的胡子，已被我和周边同学尽收眼底。"哈哈……"周围的笑声越来越大，涂鸦的同学已经低下头等着挨批了，而其他同学好像在等着看笑话呢。

∨ 管理过程

课堂上出现这样的突发事件，不能不闻不问，可立马处理未必有效，而且影响正常课堂教学。那么该如何解决这个问题，管理好我们的课堂呢？

解铃还须系铃人，课堂上的这个结还需从这幅插图入手去解决。于是，我拿起这位同学的语文书，笑着对大家说："同学们，刚才通过品读，作者茨威格用精辟、形象的语言描述了托尔斯泰长相中的独特之处。作者还通过精当的评价，把人物的精神气质鲜明地凸显出来了。下面，我们一起欣赏课本上这幅插图，能看出图中人物最突出的特征是什么吗？"（齐答："眼睛和胡须。"）俄国诺贝尔文学奖获得者蒲宁这样说托尔斯泰："我发现那双小眼睛根本不可怕，也不锐利，只是像野兽的一样机警，稀疏而灰白的头发，学农民的样子从中间分开；耳朵很大，而且高得不寻常；两道眉骨低低地压在眼睛上；胡子枯干，稀疏，不齐，透过胡子可以看见他那微微翘起的下巴……"

"大家再看看班上这位同学对这幅插图的补充，很明显，能看出我们这位同学也关注到了人物最典型的特征，这一点不错。"

说到这里，好像听到那位"涂鸦"同学舒了一口气。

"但是——托尔斯泰的鼻梁上该不该有这副眼镜呢？他的胡须该不该是黑色的？"

"老师，我错了，我不该在语文书上乱涂乱画。"此时，那位同学站了起来。

"的确，在课本上胡乱涂画，是对课本的不尊重，也是对人物的不尊重。"教室里安静下来了。

我接着说："不过，大家从语文的角度再想一想，托尔斯泰能不能戴这副眼镜呢？他的胡须会不会是黑色的？好！这两个问题就作为今天的语文作业，大家一定要在文中去寻找答案。下课！"

第二天，整整齐齐的作业本放在我的办公桌上，一个都不少。

有的说："托尔斯泰的胡子不应该是黑色的，因为这是他年老时的一幅画，他年轻的时候，胡须是黑色的，课本上说'他不久就任凭须发长得满脸都是，把自己的嘴唇隐藏在黑貂皮面具般的胡须里，直到年纪大了以后胡子才变成白色，因而显出几分慈祥可敬'。"

有的这样写道："这副眼镜千万不能给托尔斯泰戴上，因为文中已经说'托尔斯泰并没有自己独特的面相，他拥有一张俄国普通大众的脸，因为他与全体俄国人民同呼吸共命运'，如果带上眼镜，托尔斯泰就是一个知识分子的形象了，这样就不符合课本上的描述了。"

……

∨ 技巧提炼

语文课程标准把培养学生的人文素养放在语文教育的首位，要营造语文课堂和谐的人文环境，我们应注意充分挖掘教材中的人性光辉，包括课本插图的巧妙利用。在这个案例中，学生在书上"涂鸦"或许是课堂上的无意之举，教师可结合课文内容，巧妙引导，让学生回归课文去思考问题，同时顺势借用插图来培养学生的观察力，促进对课文内容的理解，从而达到图文结合，相得益彰之效。

∨ 迁移运用

因势利导配图巧，相辅相成获益多

部编版教材课本的一大特点是图文并茂，比如单元提示，会配有与单元主题相关的图画。以八年级下册为例，第一单元主题是"民俗"，单元提示上配的就是《安塞腰鼓》里的击鼓图；第五单元是"游记"单元，配图是《在长江源头各拉丹冬》里的摄影组登雪峰的情景。有的课文会配上作者或主人公的图片。以七年级下册为例，有邓稼先、臧克家、闻一多、光未然、都德、韩麦尔先生、迅哥儿和长妈妈、坐在台阶上的父亲等，这些插图既能提高学生的学习兴趣，获得对教材直观而形象的感性认识，又可以培养学生的观察力和想象力，这都能为进一步理解课文内容打好一定的基础。

但在引导学生结合插图领会课文的教学的同时，我也尝试着让学生为没有配上插图的课文配图插画。如执教《中国石拱桥》，一起来画赵州桥的示意图，进一步把握赵州桥的特点，深入体会文章语言的准确与严谨。

在学习《答谢中书书》一文时，我带领学生在文字中品"美景"、读"美言"、悟"美情"之后，又开展了"巧配图"的活动。

"《答谢中书书》宛如一幅清丽的山水画，又像一首流动的山水诗，现在，我们试着为今天的课文配一幅插图，好吗？但是我有一个要求，配的插图不从美术角度去评价，要从课文内容去判断你是否通过插图展现文意。"话音刚落，学生们便兴致勃勃地动起手来。接着，为了更好地展现这幅动人画卷，我又请班上美术课代表上台，根据台下同学读文提示现场作画。之后，大家结合文本，积极评价。

这个活动的开展，既调动了学生表达的欲望，开发了学生的创造思维，又拉近了学生与文本的距离，从而培养了他们的审美鉴赏能力。那一幅幅静止的插图在学生的表述下一下子变得灵动起来，这灵动起来的插图又帮助学生更深刻地理解文本内容，两者相辅相成、相得益彰。

教育感悟

鲁迅先生曾说："书籍的画，原意是在装饰书籍，增加读者的兴趣的，但那力量，能补助文字之所不及，所以是一种宣传画。"课文中的小小插图，如果巧妙加以运用，往往会有事半功倍之效。在实际教学中，我们语文教师要多思考，指导学生通过课文的插图再现情景，创设一种真正的课堂人文环境，把我们的语文课堂教学变得兴味盎然，使学生思维得以激活，真正体验到学习的乐趣。

安徽省宁国市宁阳学校　李萍

花飞雪舞，乐中生趣
——应对课堂缺乏情趣

　　莺初解语，心有灵犀。除了课堂上语言和心灵的交流碰撞，我还喜欢在课余和学生作一些交流和沟通。经过了解，在他们的眼里，教材上有一些诗词晦涩难懂，有一些文章无趣枯燥，他们不解其意，或者不能进行深入理解。一言蔽之：背诵全文很头疼，语文课很无趣！这让他们在课堂上很容易走神儿，给教师带来了极大的挑战。

　　定神细视，何来幽趣？如何让枯燥的语文课充满情趣？如何让大量的背诵课文变得不再枯燥？遇到这种情况，教师就需要借助一些小工具，用一定的方法来引导。

情景回顾

　　高二新授课。

　　袅袅秋风，尤念往昔。我正带领学生一起学习《中国古代诗歌散文》中的《湘夫人》一文。学习到布置新房的段落时，我让大家闭上眼睛："请同学们想象一下，这究竟是一个怎样的华美世界？花满室，香满怀……感兴趣的同学可以发挥想象，用笔画一画这座唯美的新房。说不定，当这座绚烂夺目、迷人之至的新房在你的笔下建成时，背诵就不再是个难题了！"" 说得轻巧，字都读不通！老师你要能画下来，我就能背会。" 琛琛同学的话音落下之后，课堂上突然就安静了下来，大家都在等着我怎么收场。

⌄ 管理过程

关山难越，柳暗花明。因为这是一个普通班，大部分学生对此类文章有畏难情绪，"背诵全文" 四个字对他们而言，简直就是催命符。我盯着第一排的琛琛同学，他仿佛在跟我耀武扬威，这下终于可以不用背啦！其他的学生也都在等着我的结果，是不是都可以不用背啦？

我沉思几秒，随后便迅速找出彩色粉笔，用蓝色粉笔勾出水纹——筑室兮水中；用粉色粉笔绽放出荷花几支，用白色粉笔勾出小屋轮廓，屋顶上画上荷叶——葺之兮荷盖；用绿色粉笔画上草；用紫色粉笔画成院中所砌小路——荪壁兮紫坛；还有辛夷花，以及薜荔做成的帷幕……总之，只要能想到的，我竭尽所能都画了出来。最后，我用箭头把黑板上所画的"香草"按照诗里的顺序连接了起来。当我再看琛琛同学的时候，他的脸已经埋进书本里了。

我不再看他，用手指着黑板上的箭头，一句句把文章背下来。然后，示意同学们跟着我一起，按照黑板上示意图中的顺序，一句句开始读……临近下课时，有几名同学说："老师，我可以按你的图背下来了。"

⌄ 技巧提炼

循循诱之，情趣初现。本案例中，面对学生说课文背不下来，我把书中的花花草草引入可视的板书中，背诵线索清晰流畅，显明可见。这样，理解文意、背诵课文就有了一种灵动的创意和浓厚的情趣，给枯燥的学习增添了一份诗情画意！

不亦快哉雪飘飘，课堂沉闷去无踪

按照提前备好的课，我依旧自说自话地一个人唱着高调。下午的课学生本来就没有精神，再加上天空阴沉的样子，这节语文课就上得很沉闷。离下课还有20分钟，我正想如何将下一个知识点落实下去，突然有位同学喊道：下雪啦！学生全都惊喜起来，这是冬日的第一场雪。所有的眼睛都望向窗外，嘴里还发出各种各样的感叹和评价。看来，后面的十几分钟就要泡汤了。

我突然想起了前天读过的才子金圣叹那33则不亦快哉——"冬夜饮酒，转复寒甚，推窗试看，雪大如手，已积三四寸矣。不亦快哉！""夏日于朱红盘中，自拔快刀，切绿沉西瓜。不亦快哉！""看人风筝断，不亦快哉！"……读起来真是让人大快朵颐。我是否可以让学生以"不亦快哉"为话题进行一个片段练习呢？

略微思考后，我把金圣叹的不亦快哉说给学生，并让他们试着仿写。沉寂的课堂很快就活泼起来，几分钟后，几乎所有人都开始写起来。十分钟后，所有的片段交上来，都比平时要写得好。课余时间我作了一番归纳，把学生的片段按奖项分类别打印了出来，并写了一篇日志——《看到你们大家的"不亦快哉"，我真是"不亦快哉"》。摘录几则如下：

A.最诗意唯美奖获得者：

丝竹无声夜无语，睡到农家饭熟时，不亦快哉——付洋

踏雪寻梅去，身携余香归，不亦快哉——付洋

迎春啼叫，满地花楼，晓风吹拂，清新透凉，坐亭咏吟，与朋乐谈，心扉开外乐逍遥，不亦快哉——李向阳

B.最佳惊人奖项获得者：

老婆孩子热炕头，不亦快哉——王文杰

与菜场小贩砍价，屡战屡胜，不亦快哉——赵田田

C.恶搞传奇奖项获得者：

下课了，推窗向外看，白茫茫一片，忽见一人四脚朝天，不亦快哉——姜晓辉

夏夜，卧床大睡，蚊子作响，不能入睡，倘能一巴掌拍死，发现还是一对，安静入睡，不亦快哉——贺志恒

D.小才情舒适奖获得者：

约会之前，化个美妆，问镜子：世界上谁是最美丽的女孩呢？镜子答：当然是你呀！不亦快哉——冯瑶

死党相聚，难友重逢，不亦快哉——王文杰

真如日志题目所说，看到学生的"不亦快哉"，我真是"不亦快哉"！

教育感悟

上完这节课，自己有一点小得意：我没有让这十几分钟白白浪费，而且调动了学生的积极性，开拓了学生的思维。在整个过程中，教师运用自己的智慧顺势利导是非常重要的。对学生的喜好，宜疏不宜堵。在那种情况下，强要落实原来的教学计划几乎是白费力气，而且没有任何效果，那为何不顺势而为呢？由此可见，教师不光要有知识，还要善于观察，善于应变，让学生聪明一点、灵气一点，从而让语文课堂变得五彩缤纷，生机勃勃。

山西省翼城县第三中学　宋娜

第二章
学生学习问题之管理技巧

唤醒小组潜能，知之好之乐之

巧妙联系，让语文课堂焕发生机

巧设情境，激励成长

精心设计，及时评价

劝束得法，生发无限

向"教育"更深处漫溯

小练习，大文章

内因驱动，群情盎然

经典引路，开启智慧，重建心灵

随性感性，点燃诗情

发散思维，重在收放

创新思维，激活兴趣

唤醒小组潜能，知之好之乐之

——应对课堂中的小组合作低效

　　小组合作学习被认为是最有效的课堂教学模式之一。但在日常教学中，我们会发现，课堂讨论往往因缺少规则和示范，陷入"不实"的热闹中，加之有时讨论的问题本身缺少实用价值，小组合作学习成了一种"游戏"，学生收获甚微。

　　所以，作为教师，我们要在课堂中明确讨论的目标和规则，细化小组分工，注重学生展示过程，力争关注整体学习效果。

▼ 情景回顾

　　人教版高中语文必修二讲授课。

　　讲授完《诗经·卫风·氓》，为加深学生理解，我给出《郑风·野有蔓草》中的一句话："有美一人，清扬婉兮。邂逅相遇，适我愿兮。"我问学生："看到这句话，在你脑海中涌现的第一个词是什么？请整理思路，与组内同学分享并说明原因。"

　　随后，我深入各小组，倾听到了他们五花八门的答案：美女、偶遇、一见钟情、闪婚……这些词让学生们讨论得既兴奋又热烈。

从课堂教学目标的角度而言，学生感悟到的一些词，缺少讨论的价值，是背离课堂拓展与延伸初衷的。

于是，我及时中止了讨论，总结并提问："大家讨论得很激烈，也能有理有据展开分析。我想问同学们，你知道这句话是什么意思吗？哪位同学可以谈谈你的理解？"语音未落，班级瞬间安静，同学们用眼神左右扫视，期待着解读者。

"学习就是一种与自己、与他人交流的过程，给自己一点信心，我相信你们可以！"我微笑着鼓励。

一位女同学羞涩地站起来："老师，我说一下我的理解。有一位美丽的姑娘，含情不语，妩媚动人，飘然而至，她有露水般晶莹的美目，顾盼流转。一位有缘人，与姑娘不期而遇，眼中满是惊叹，满是惊喜，散发着爱神突然降临的幸福感和满足感。"

这位同学的解读准确又文辞优美，描述中画面如在眼前，教室顿时响起一片自发的掌声。这是一种同学之间的鼓励，也是一种认可。

接下来，我又引导他们："所以，这句话的重点在于邂逅，在于不期而遇。某人，某物，甚至世间的一切，未约而相逢，无意而相遇，总会带给我们不一样的感受。它不仅存在于爱情中，而且存在于世界万物中，此种经历，皆可成美好。现在，给大家展示老师教的另一个班的同学的一段文字。"

《诗经》上说，邂逅是人与人的相见，同时带给双方美好。这是一种美妙的奇遇，总能给人甚至整个世界以美好和感动。

当杜甫走入城中，他或许没有想到，命运使他与李白相遇。两人在城中饮酒、作诗，相谈甚欢。一年后两人分别，再无相见，但他们之间的友谊，如同月光，明媚了古今。这是一场心灵的邂逅，也让我们见证了一段真挚的情谊。

"俗话说，他山之石，可以攻玉。现在，请把你的思考整理成文字，组内交流推荐，15分钟后在班内展示。"

同学们立刻收起目光，沉思，动笔，课堂一片纯净。

技巧提炼

在本案例中，由于学生思想深度不足，思考角度单一，小组合作讨论虽然是积极的，但在某种程度上也是无效的，是脱离教学目的的。所以，需要老师及时"出席"，发挥主导作用，引导学生回归主线，明确思考方向；同时遵循激励、尊重的原则，鼓励学生展现自我，突破自我；再给学生提供一个具体可操作的标准，让其有章可循，实现主动发展。

迁移运用

作文互评，让有意义的事情更有意思

又是一节作文互评课，很多学生充满期待：期待自己的作文得到同学的欣赏，期待自己的点评获得尊重……

课上，我首先对作文材料立意进行二次深入讨论，得出关键词，让学生明确写作的最佳立意角度。之后，每位同学参照互评要求自主评价同学作文，评分标准细化为格式、卷面、文字、标点、句子、标题、主题、选材、结构、语言十大类；同时规范批阅符号，要求评语简练，书写规范，评价重点突出，有针对性。我会在班内走动解疑，但点到为止，让学生自己去思考感悟。

接下来是组内交换评阅，确定推荐的范文，指出推荐理由，在班内展示。举例如下：

我们小组推荐果晓丹同学的作文，我们一致认为她的作文有以下优点

值得借鉴学习。

首先，字迹工整，语言优美。

其次，能紧扣主题，事例分析清晰到位。举一段为例："屠刀未能使他折断脊梁，利诱未能让他低下头颅，寂寞与孤独也未能摧折他的意志。在这漫长且煎熬的时光里，支撑苏武到最后的是心中不变的信念——坚持！他坚持了，19年后他终于结束了那段痛苦，获得了自由！"

再次，能活学活用课本素材。如："'锲而舍之，朽木不折；锲而不舍，金石可镂。'只要坚持，没有什么事不能成功。坚持，总会看到开花结果的那天！"

在本环节中，学生理解能力有差异，交流过程中可能会有不同见解，我会鼓励规范学生恰如其分地表达见解。

各小组发言后，我会选择一篇有针对性的作文当堂指导修改，鼓励同学各抒己见，做到言之有理，言之有据，学生们出现的一般性问题少讲，普遍问题精讲，注重思维引导。举一段为例：

恰如苏子所言"古之成大事者不惟有超世之才亦必有坚忍不拔之志。"岁暮短景，天涯寒萧，仍心如磐石一般，持一己之见待到海枯石烂。

恰如苏子所言"古之成大事者不惟有超世之才亦必有坚忍不拔之志"，岁暮短景，天涯寒宵，心若磐石，必不转移，坚守自己信仰，哪怕待到海枯石烂。（修改稿）

整文修改，更有感染力和借鉴性。

铃声响起，学生依然在揣摩，热情不减……

❯❯ 教育感悟

陶行知先生说："好的先生不是教书，不是教学生，乃是教学生学。"

这是一种理念，是一种潜移默化的行为。小组合作学习，需要教师有针对性地解决共性问题，指导学生自主学习时专注、安静，课堂讨论时有序、活跃，不流于形式。这样的课堂，是动态生成、真实开放的课堂，学生能够学得从容，学得有兴趣，有收获。这样的合作，能唤醒潜能，释放灵性，在借鉴与反思中不断完善提升自己！

河北省秦皇岛市山海关第一中学　陈洁

巧妙联系，让语文课堂焕发生机
—— 应对课堂中缺乏共鸣

当我们设计好了教学流程，信心满满地走入课堂时，当我们像仙女撒花般将自己准备好的连珠妙语撒向课堂时，大多数同学却一副事不关己的态度，从始至终充当群演的角色，没有一句台词。这时教师就要及时调整教学策略，巧妙联系与学生日常生活相关的社会热点，先将之带入情境，再通过语言激趣，产生共鸣。

情景回顾

一节诗词鉴赏课。

我在课上带领学生探究古诗《江陵使至汝州》表达了什么感情。讲到第二句"寒食离家麦熟还"，说的是寒食时离家，麦子熟了才回来，我问学生这句表达了什么情感，没人接，我觉得也许这首诗写得太过含蓄了，幸好这个环节我早有准备。我说："我们曾经背过《诗经》中的'昔我往矣，杨柳依依'。"同学们接道："'今我来思，雨雪霏霏。'"我很兴奋："那么这里说的是什么感情呢？"无人应答。我只能接着说："当年我走的时候，杨柳新绿，而当我回来时已经漫天飞雪了，景物的变化能看出什么呢？"有同学答道："季节变化了。""不错，季节变化看出诗人离家时间很长，那么表达的是什么感情呢？""思乡之情。"学生几乎是脱口而出。

我用事先准备好的语言来总结这道题："同是离家近一年，同是即将回到家时的兴奋至极，大有异曲同工之妙。这种文人之间相似的经历达成了一种跨越时间与空间的默契。"

然而，这样的结局让我觉得特别不协调——学生无意的回答，老师生硬的总结。标准答案不应成为这道题最后的归宿，这样完全不走心的对话不应该是语文课堂应有的状态。

管理过程

上这节课时是2013年，学校刚刚为学生播放过《感动中国》，当时有一句话在同学中流行很广："没有深夜痛哭过的人，不足以谈人生。"提及此句，同学们立刻想到了台湾老兵高秉涵。"同学们，还记得高秉涵离开家乡一共多少年吗？""32年。""这离乡的每一个夜晚他是怎样度过的呢？""他在想念自己的母亲，自己的家乡。"我趁热打铁："他毕生心愿就为能再见母亲一面，然而回乡时母亲已不在了，这个愿望最终也没能实现，回家为什么这么难呢？"历史课代表站起来说："许多年间，两岸关系十分紧张，高秉涵后来写给家里的信都是先邮到美国，再由美国的同学帮忙邮回家里的。"又一位同学补充道："这就叫相望不相见，有家不能回啊！""回乡的路再长也长不过一生，他倾尽一生来想家。""他还把其他老兵的骨灰运回家，帮助他们完成回乡的心愿。"……渐渐地，已经有更多的同学加入我们了。"同学们，由此及彼，刚刚我们讲的'寒食离家麦熟还'是一种怎样的思乡之情呢？""离家的时间太长了，度日如年啊。"这才是发自内心深处的声音啊！

技巧提炼

在该案例中，古诗文的语言环境与学生所处时代相隔久远，致使情感目标难以真正达成。而我又过于关注答案，预设问题并未直指学生内心，致使课堂一度陷入僵局。我适时引入大家熟悉的时事话题，点燃了学生参与的热情。这种相关情境的介入拉近了师生距离，在一定程度上增加了语文教学的广度和深度，使教育意义更加深远。

迁移运用

时事话题入课堂，人物心理自明朗

有一天，我带领学生探究小说《摆渡》中人物的内心世界。本文讲述的是两位摆渡人，张摆渡先入行，柳摆渡后入行，柳抢占了张一半客源。一日，柳摆渡送一对母子过河，船突然下沉，多亏张摆渡帮忙搭救。千恩万谢后柳摆渡远走他乡，留下张摆渡一人撑船。按照预设，我问道："大家是否记得探究人物心理这种题型的答题策略？要画出文中什么样的句子？"无人应答。我只好带领大家复习了分析人物心理的方法，画出关于人物的描写尤其是心理描写的句子。此时，我已经有了些许的挫败感。

"张摆渡常常看着河水发呆""和船上的鸬鹚说了无数次"，找完相关描写，我接着抛出问题："他救了别人为什么却心事重重？这是怎样的一种心理呢？"我期望给大家更多的提示，但同学们却似乎并不买账，依旧报我以沉默。我只好再接着说："这种种暗示似乎说明了当年沉船的事与张摆渡有关，但课文仅仅是暗示，又该如何来推测他复杂的内心世界呢？"听我还在问问题，有同学抬头看我一眼，仿佛是在问老师怎么还不说答案，这还等着记呢！我深知，这种题型在小说阅读中本就是难题，在短时间内解读人物内心更是有很大难度，仅仅记下答案是没有用的。一瞬间我脑海里闪过上班路上听到的一则新闻。

"大家知道最近正在审理的'杭州保姆纵火案'吗？"大部分同学都抬起了头。我说："里面的保姆当初也不想杀人，只是想通过放火、救火，让主人对自己心存感激，好继续借钱给她去赌。""对，她后来也报警救人了，只可惜没救成，毁了一个家。"终于有一位同学接住了我的话头。我继续说："这个保姆和张摆渡有没有相似之处呢？""哦，原来张摆渡是做了一个局啊，先害人，再救人。"一位同学恍然大悟。又一位同学说："张摆渡和这个保姆确实有一拼，只是这个张摆渡是幸运的，没有造成太大的伤害，而那个保姆是不幸的，玩大了，伤天害理，天理难容。""哦，所以张摆渡始终心存愧疚，不愿离开他的渡船。""对，他在为乡亲们摆渡，更是在为自己摆渡，摆渡自己的心灵，净化自己的灵魂。"同学们用这种聊天的方式，几乎是连珠炮一般，把我要讲的内容都讲了出来，顺利并高效地完成了教学目标。

教育感悟

　　语文教学固然要以高考的指挥棒为标准，但教学不能被标准束缚了手脚。语文课堂应呈现出一种思想交流与碰撞的动态美，教师将自己的所思所想分享给学生，唤起学生的思考和认知。正所谓"教学的艺术不仅在于传授本领，更重要的是善于激励、唤醒和鼓舞"，师生间通过有效的对话生成智慧的火花，一步步点亮课堂，点醒每一个人的心灵，最后自然而然地实现师生共鸣，达成教学目标。

黑龙江省建三江第二高级中学　焦喜明

巧设情境，激励成长

——应对课堂中学生学习动力不足

我们的课堂经常会出现缺乏生机与活力、少了灵动的情景。一节课结束，教师没有成就感，观课老师挑不出毛病，但总觉得缺点什么，很不对味！要么课堂语言不生动，要么因情境创设不足学生没有代入感，要么学生存在怕大家笑话的心理……这些问题主要有两方面的原因：授课教师缺乏激情、学生学习热情不足。而学生学习动力不足是主要因素，我认为应该多关注学生，要及时矫正教学思路，启发引导，积极沟通，倾听学生的声音。

❯❯ 情景回顾

我应邀去一所高中做课必修三《林黛玉进贾府》，去时我一再告诫自己：这些学生多半来自农村，对前沿的教学思想接触甚少，合作交流的学习方式知道的不多。我是一名初中教师，能否以学生为主体高效地完成教学任务，是我一直思考的关键问题。

那天我到校后，了解学生情况、指导学生分配学习合作小组……很快20多分钟就过去了。我打算根据沟通情况，给老师们呈现一节原生态的课，真正落实学生的学习主体角色。

"哪位同学想成为学术助理，与老师一起合作上一节课？""他，他！"顺着孩子们手指的方向，我看到了两名男生，一名打扮很酷、很时尚，另一位则显得腼腆些。很难定夺，我便告诉孩子们："其实，我已经了解了，咱班的同学都很优秀，尤其热爱班集体，不要让老师失望呀！你们毛遂自荐好吗？"结果时尚男孩站起来了，我很高兴地和他握手以示鼓励。合作学习环节的组间交流，这位学术助理有些无法掌控，讨论交流已经超过了预设时间，他无助地看着我。看着课堂上孩子们时而双眉紧锁，时而争得面红耳赤，时而开怀大笑，如此高涨的学习热情，我怎忍心打扰呢？"没事，你也参与交流吧，让大家尽情地讨论吧！"我开心地说。在超时5分钟后他们不约而同地停下来了，学生们对话题讨论各抒己见，个个满脸幸福，似乎打了胜仗一样！

课进行到总结收获环节时，几乎所有同学都争先恐后地说开了。"我的收获是王熙凤圆滑、阿谀逢迎，我认为林黛玉善良、多愁善感、体弱多病，而她的体弱多病也是形成她性格的主要原因，她是一位貌若天仙的绝世佳人，我喜欢她这样的性格！……"循声找去，是那位腼腆型的班长滔滔不绝地在讲述着。前面有两位同学概括林黛玉形象时都没说到她的身体状况，这位班长说理透彻，让观课老师激动不已，大家为他送去了热烈的掌声。我看到了班长同学开心的笑容。

"我……我，我认为要上好课，就必须扎扎实实地进行预习，否则就不会有收获，也不会像今天的课上得这样成功！"我太意外了，这是我想说的话，被一位腼腆的女生说出来了，我几乎是冲上去给了她一个大大的拥抱。

课结束了，学生呼啦一下子冲上来："老师，把你的QQ号说一下，我们做朋友！""老师，别回去了，明天让领导把你接来再给我们上一节课吧！""老师，不好意思，今天配合得不好，要不，别走了，明天再上一节课，我绝对配合好！"学术助理说。我被学生团团围住，沉浸在这无边的幸福中久久不愿离去。看来，我之前的担心是多余的，农村的孩子和城市的学生一样优秀！

技巧提炼

在本案例中，学生来自农村，一方面对新课程理念知之甚少，缺乏学习语文的土壤；另一方面大多数学生是留守孩子，缺乏自信心。所以，我在了解学情之后，投入情感，努力创设情境，用等待激励之法，点燃学生的学习热情。千万不要在学生投入学习时打扰他们。

迁移运用

紧张胆怯也无错，激情点燃显智慧

那是全市教育系统副科级以上领导参加的一个教育现场会，我要和我们八年级一班的学生上一节文言文课《湖心亭看雪》。

我非常担心，生怕学生紧张胆怯，不积极回答问题。

在检查预习环节，面对七八十号观课者，至少有三分之一的学生惴惴不安，说话声音很小。我拿起课本，自信、从容地踱着步子在教室里深情地背诵课文，故意背错了几句，我瞟了一下周围的学生，希望有学生能大胆指出我的错误，我也借机活跃一下学习氛围。几秒钟后，张同学弱弱地说："老师背错了！"我假装没听见，又重复了一遍错误的句子。这下张同学急了，拿着书离开座位读开了。这时，其他学生则齐刷刷拿着课本站起来开始大声朗读，整个学习场活了。张同学"胆子更大"了，索性站在讲台上读起来了，而且声情并茂，全场为他送去了热烈的掌声。

在拓展延伸环节，黄同学低着头，羞怯地将自己即兴做的素描版"湖心亭赏雪"的画作向大家作了解读，然后准备回到座位，就在他转身的刹那，我为他竖起了大拇指，给了他一个大大的"赞"！他是一个非常聪慧的孩子，突然带着笑容又重新回到了讲台，深深地给观课老师鞠了躬后，用商量的口吻对我说："老师，虽然我的画有些难看，但我还是想张贴在黑板上，还希望老师为我们小组加分，行吗？"我能说"不行"吗？

一个张同学，一个黄同学，孩子们学习的热情被他们点燃了。优秀是可以传播的，班里其他同学也一个个积极投入到了学习中……在小组展示时，我这位老师已经很"多余"了，学生们站在我旁边口齿伶俐地讲述着、补充着，我能做的就是鼓掌和赞扬！

教育感悟

德国教育家第斯多惠说："教学艺术的本质不在于传授本领，而在于激励、唤醒和鼓舞。"其实，教育就是生长，就是使每个人的天性和与生俱来的能力得到健康成长，而不是灌输。把读的时间还给学生，把思的空间交给学生，把说的机会留给学生，把练的方法教给学生，让学生找到自信和快乐，学生不但能获得智慧的启迪，更能得到愉悦的体验。这样的课堂上，有智慧碰撞迸溅的灵感火花，有相互交流产生的思维飞跃，更有体验探索带来的心灵愉悦。

教书育人如同行路，欣赏之眼才能看见美丽的风景。走得太急，会错过花开的美丽，走得慢一点，等一等灵魂，让目光更专注些，让脚步更踏实些。让学生在欣赏、赞扬和悦纳中学习，将是学生、教师最幸福的事情！

陕西省宝鸡市岐山县教学研究室　朱晓娟

精心设计，及时评价

——应对课堂中学生参与不积极

曾经有人如此形容初中三年的课堂：初一叽叽喳喳，初二零星几个，初三郁郁寡欢。学生从积极踊跃举手回答到被动参与课堂的原因有：随着年龄的增长，感觉高高举手和同学争着抢着的样子太过幼稚；性情上也逐渐从外向转为内敛，"只要自己知道何必在众人面前表现"的想法居多；心理上更习惯于服从大众，越来越多的同学不愿开金口，自己也就三缄其口。我们经常会遇到这两种情况：一个班级热情似火，课堂推动很快，一个班级冰如寒雪，教师一筹莫展。如遇后者，我们更要有意识地精心设计，及时评价，充分发挥教师的主导作用，激发学生的学习热情积极参与课堂，让课堂教学的一潭死水活起来。

情景回顾

上学期接到教师进修学校的通知，要求我到一所乡下学校上一节国培示范课，我选择了人数稍多点的初二。刚到那个学校，一位老师告诉我这个班的基础很差，上课很"死"，经常是老师抛出问题就像是石子扔进深湖，悄无声息。听到这样的评价，我的心里咯噔了一下，本来就是借班上课，如果再遇上一帮"闷葫芦"，岂不是要砸场子？事先我已准备了学案发给了学生，于是我课前到班级翻看检查，这不看不知道，一看吓一跳，全班没几个学生认真完成，即使写了几道题也是错得面目全非。这节课的内容是教孩子运用多种修辞写作，如果连修辞都分不清楚，又何谈运用？这可是一节展示课啊！

管理过程

　　我快速调整思路，虽说心里有了很多打算，却不知道课堂到底会是什么样子。课前我做了一个简短的自我介绍，谈了谈自己对语文学习的看法：语文是一门让人学会感受幸福的学科，所以上语文课也是一件很愉快的事，今天老师就是来带大家玩的，大家放松心情在玩中学会感受幸福。我想让学生首先从心理上放松，如果对课堂是一种恐惧的感受，时刻害怕的事情就是老师点中自己回答问题，心里全是祷告"不要选中我"，又何谈调动思维解决问题？

　　上课了，我说道："胡乐是个很美的地方，像极了我的家乡。可是家乡已被深埋于水底，那是魂牵梦绕想回也回不去的老家啊，今天能到胡乐来和大家一起聊聊家乡可真是了了老师的一桩心事，谢谢你们给了我这样的机会。"学生听到我这样的表白，身体明显从一开始的正坐变得前倾，我的话语起到了共情的效果，学生开始对课堂感兴趣了。

　　我很快导入课堂："为了能把家乡描绘得更好，让更多的人了解我们的家乡，今天学习巧用修辞，美化语言。首先看看大家了解哪些修辞。"我走下讲台，沿着小组的座位一路向后，所到之处，学生极有默契地起身回答，开场瞬间燃起来了。有一学生见无修辞可讲，就从资料上找到通感回应我，我追问："什么是通感？"学生支支吾吾讲不清楚，我微笑示意他坐下，首先赞扬大家课前的搜集，然后埋下小小的伏笔："通感本身就是比较难的一种修辞，别着急，下面的环节一定能解决这个难题。"简单的问题可以采取快问快答的方式，这样既节约时间，也可快速热场，有利于后面环节的推进。面对学生的疑难，首先不逃避，其次消除学生害怕回避的心理，最后埋下伏笔又让学生有些许期待。

例句分析中我选取了《紫藤萝瀑布》中的"这里除了光彩，还有淡淡的芳香，香气似乎也是浅紫色的，梦幻一般轻轻地笼罩着我"，学生判断运用了通感，但说不清楚怎么回事。回答问题的是一个调皮的小男孩，我检查作业时他就敢与我对话，但作业却是一塌糊涂。我引导道："这一句写的是紫藤萝的什么？"

"香气。"

"香气是什么样的？"

"紫色的。"

我问得快他答得也快，我饶有所思地自问道："香气是紫色的？"那孩子"哦"的一声："紫色原本是形容颜色，是视觉感受，这里来形容嗅觉，这就是通感啊！"我转而又问："干吗要这样做呢？"

这孩子的思维仿佛被点化了一般，很快回应道："嗅觉是无形的不可感的，变成视觉的紫色更形象可感。"我不禁对他竖起大拇指："你简直太棒了！文字感受力很强！"这一环节举手回答的孩子我并不清楚他们的情况，之所以选择这个看似调皮的学生，是深信每个调皮孩子都拥有一个灵动的大脑，只要引导恰当，他会有不俗的表现，适时的夸赞不仅肯定他的能力，对于别的同学也是一种鼓励。

后来练习写作的环节，有学生写出"家乡的空气是绿的"这样的句子，看来这一课的学习落在了实处。下课了，事先告诫我这个班很"死"的老师也感叹这节课老师和学生情绪真是高涨。

技巧提炼

本案例中，教师成为课堂的主导力量，在教师的调动下，学生在课堂中活了起来，变成课堂的主体。这当中并无多少奥妙：抓住学生的心理，走进孩子们的内心，并且根据问题的性质采用不同的提问方式；快速把握学生的个性特点，创设一定的情境展示个性，激发出学生展示自我的主动性；发自内心的及时的肯定和褒奖是活跃课堂氛围的催化剂，让学生体会到参与的乐趣。课堂设计中既要有难点的突破，又要在实施教学时让学生找到突破难点的方法，这样的课堂就不会让学生变成躲在壳里的蜗牛，而成为语文课堂中的"斗士"。

赞扬批评皆是爱，"冰霜"一班齐开言

某学期在初一（1）班上课，师生互动环节不是很理想。一生举手回答不尽如人意，同学都在下面嗤嗤地笑，搞得他十分尴尬。课前本班语文老师就说过这是一个不爱表达的班级，课堂上确实没有初一年级的热闹。看到这一情形我决定激激他们："大家笑什么？笑这位回答错误的同学吗？对比坐在那里不敢发一言的你来说他更勇敢，真正该笑话的不是他反而是胆小如鼠不敢挑战自我的人哦。"此言一出，好多同学都抬起头看我，那几个笑的同学不好意思低下头去。

后来的环节可想而知，学生虽说有些腼腆，但课堂环节的推进很顺畅。

教育感悟

这些年因为工作的需要，经常借班上课，从过去的祈求碰到愿意配合的学生到很有信心迎接不同班级的挑战。只要抓住学生的心理，通过一些设计走进学生内心，再加上不同方式的评价让师生的关系从由上而下的对面式转变成同一战线的伙伴式，便可以打开学生心扉，使其愿意参与课堂，和老师共谱华章。

安徽省宁国市第二初级中学　孙俞芳

劝束得法，生发无限

——应对课堂学习气氛沉闷

波澜不兴的课堂了无生趣，学生因百无聊赖而困倦不堪，教师在几乎永无生成的课堂里按部就班，久而久之，课堂如蒙上了一层蛛网尘迹斑斑不再通透清灵，学生和教师如枯谢的草木黯淡无光不再鲜活。这样索然无味的课堂让学生没有期待，被动接受知识，收效甚微；令教师望而却步，课堂推进缓慢，时时上演"孤家寡人"的戏码。灵性和生命均在无声地消耗着，真的是怎一个"悲"字了得？

情景回顾

迟子建的《额尔古纳河右岸》导读进行中，我如往常一样请同学们介绍作者。因作者是当代作家，很多学生都是第一次接触她的作品，所以被提问的学生只言片语或支支吾吾不成言语，没有办法，我又开始了"独角戏"。学生们习惯性地"听着"，没有任何共鸣，在一些学生的眼神中我甚至读出"老师，直接讲文本就好"的无奈。这样的环节实在就是"败笔"，对解读迟子建用情、用心抒写的这样一部向世人诉说人生挚爱与心灵悲苦的民族史诗没有丝毫作用。

　　《额尔古纳河右岸》被读者深情地称为"一支苍凉的世纪绝唱"，文学气息极其浓厚，这来源于作者深厚的文化底蕴、过人的才气与敏锐的悟性，所以作者介绍不能是可有可无的存在，此环节应该在增强学生阅读兴趣、引导学生触碰文本内容和体味文化意蕴等方面皆有意义。因此，在另外一个班级授课前，我设置了四个角度：（1）迟子建，女；（2）黑龙江省作家协会主席；（3）文风沉静婉约，笔触细腻，抒情色彩浓厚；（4）主要作品介绍。然后请学生参考这四个角度有创意地介绍一下作者，我加重了"参考"和"创意"的发音，并引导道："迟子建说'故乡和大自然是我文学世界的太阳和月亮，照亮和温暖了我的写作生活'，就像鲁迅的作品与绍兴，沈从文的作品与湘西凤凰古城，肖洛霍夫的作品与顿河。有没有同学关注到了作者的家乡？"谷星苇同学站起来回答："我结合第二点黑龙江省作家来介绍作者：迟子建有着北方女子所具有的豪爽情怀，不似江南女子那样缠绵幽怨，黑土地培植出她别具一格的性情和洒脱的情怀，作品的语言和内容也自带一份古朴和沧桑。"我接着鼓励说："她抓住了地域的濡染力量，挖掘到了根基所在，故乡的土地、山水，永远是作家的文学之根，特别好，请同学们继续发掘。"田喜艺同学接着发言："这是一部带着泥土芳香的小说，主要人物的内心世界纯净，晶莹无杂质，如我们黑龙江的雪一般。"我继续鼓励说："迟子建和她的小说都是塞北的骄傲。"刘魁帅同学说："老师，我想结合第一点来谈一谈，南朝宋文学家谢灵运对曹植有过这样的评价：'天下才有一石，曹子建独占八斗'。她的名字是不是和这有关呢？"我介绍说："她的父亲特别喜爱三国时期曹植名篇《洛神赋》，因曹植字子建，所以给女儿取名子建，看来宿命中迟子建已与文学结缘，你联系得很有道理。"

　　学生在我的鼓励下思维进一步扩张，张丹彤同学回答说："老师我结合第一、三点来介绍，她是一位女性作家，所以她的文笔细腻，文风沉静婉约。"我补充说："抒情色彩是迟子建小说一以贯之的特点，并能够在抒情基调和理性控制的自觉意识之间达成一种平衡，形成了迟子建小说难得的风格特征。因此，她的小说让人沉醉。"这时，同学们已经对《额尔古纳河右岸》的导读充满了期待。接下来岳偲瑶同学结合学案介绍了作者的其他代表作及其获奖情况。这时，同学们对迟子建充满了敬佩。继而，我带着学生进入了"额尔古纳河右岸的世界"。

技巧提炼

课堂环节的每一处设置都应该有生命力，应该环环相扣，彼此相伴相生。当学生出现无从着手的情况时，我们就要给予恰当的"条框"来挖掘孩子们思路的凹槽，看似是约束，实则让孩子们在迷茫中找寻到方向。每一位回答者都是勇敢的，我们要给予充分的鼓励和恰当的指导，不断建立学生的学习自信，并丰富学生的认知视野，这就是我所采用的"劝束之法"。

迁移运用

千百度寻他，再回首得意

"筑室兮水中，葺之兮荷盖。荪壁兮紫坛，播芳椒兮成堂。桂栋兮兰橑，辛夷楣兮药房。罔薜荔兮为帷，擗蕙櫋兮既张。白玉兮为镇，疏石兰兮为芳。芷葺兮荷屋，缭之兮杜衡。合百草兮实庭，建芳馨兮庑门。"我和同学们在赏析屈原名篇《湘夫人》第三段中湘君幻想与湘夫人如愿相会的情景。

我的问题是："本段内容作者是怎样表现人物内心的欢乐和幸福的？"孩子们诵读多遍后仍然面面相觑，不得要领。我试图"收束"同学们漫无边际的思考："请同学们试一试拨开这些眼花缭乱的修饰，找寻本段的一个中心意象。"在众说纷纭后大家一致同意是筑于水中的"室"，我顺势提问"这个庭堂很有特点，请同学们归纳它的特点"。这时，同学们有了思维的方向："作者想象湘君用荷、荪、椒、桂、兰、辛夷、药、薜荔等多种植物，来修饰这个室，表现约会的地方艳丽非凡。""我能想象到它色彩的华美和缤纷。""我甚至闻到了弥漫于周围的香气。""屈原好像特别喜欢荷花，他的《离骚》中有'制芰荷以为衣兮，集芙蓉以为裳'，这段文字中湘君的房子也以荷叶为盖，故称之为'荷屋'，好浪漫啊！"……甚至有的孩子抓住了庭堂建于水中，有远离污秽的作用。当我回到课初的问题"怎样表现人物内心的欢乐和幸福"时，同学们的思维顺水成渠。

教育感悟

面对未授的知识，面对孩子们的迷茫，只要我们问题设置有实质的导向性，我们抓住的那个"点"能够牵拽到孩子们的思维，他们的思维就会在碰撞中无限生发下去，会给我们带来无尽的惊喜。看似约束，实则指引，作为鉴赏主体的学生就会"顺藤摸瓜"，每节课都会有所收获，课堂自然也会精彩纷呈。

黑龙江省牡丹江市第二高级中学　王晶

向"教育"更深处漫溯

——应对课堂中的交流意外

　　课堂是一个集合各种声音的场所，琅琅的读书声、哗哗的翻书声、吱吱的粉笔书写声、不时的爽朗笑声等各种声音构成了课堂教学的一首乐曲。不能否认的是，这一乐曲中最精彩的部分来自师生交流的声音，课堂教学因师生互动交流而更加精彩！

　　但是，必须正视的是，在语文课堂教学过程中，学生的回答有时候并不在"正道"上，问题的答案非但是错误的，还会引起"搅局"或者打乱课堂教学的节奏、进度。遇到这样的问题，教师要从容地、快速地思考学生回答的内容，采取巧妙、合适的方法来进行引导，及时来"救场"，以确保教学环境的有序性和师生关系的和谐性。

情景回顾

　　这是一堂阅读教学课——《麦琪的礼物》。当我带领学生概括完文章的故事情节之后，我循循善诱："文章的题目为什么叫'麦琪的礼物'？我们前面解释了"麦琪"的意思，把文章的题目换成'贤人的礼物''聪明人的礼物'不是更简洁吗？"在同学们都思考问题的时候，一位同学似乎还沉浸在故事里，在座位上大声地说："他们的生活太穷了，我恨不得把自己的零花钱给他们。"他的同桌也应和他："但是真的给不了呀！好无奈啊……"

两位学生的高声"对话"，引来课堂一片哗然，同学们竟开始讨论"零花钱和穷人"的问题……

管理过程

面对教室的一片混乱，眼看着时间一分一秒地逝去，我平复了内心的焦虑心情，试图继续将探究环节延续下去。于是，我淡定地要求同学们坐好，大家的"讨论声"骤然停止，我有了"施展法宝"的契机。

我很平和地说："同学们，刚刚想必大家都围绕着'零花钱与穷人'展开了激烈的讨论，现在可以将你们讨论的结果分享一下吗？"我的语气中带有一份"狡黠"的期待。学生们都露出为难的神色，显然刚才的讨论没有任何的结论。

我顺势提问："回忆下你们的生活经历，有没有用自己的零花钱给亲人买过礼物呢？"同学们坐在位置上小声地回答我，有的说"有"，有的说"没有"。于是，我借机引导学生："老师建议你们，可以用自己的零花钱给爸爸或妈妈买个礼物来表达自己的感情。那么，从你们自身的角度出发，你们觉得怎样做是好学生呢？"问题一出，说学习好、听家长的话的为大多数。而我作了这样的总结："不是学校的第一名就是好学生，不是听话的学生就是好学生，我们能用学到的知识不着痕迹地影响我们身边的人，影响他们的生活方式，让文学作品的精神和价值真正地渗透到我们的生活中，这才是一名好学生。"

此时，我发现刚才"高谈阔论"的两位男生露出了会心的微笑，这个微笑中带有愧疚，更多的是一份收获和启迪吧！

技巧提炼

在本案例中，学生的回答"不着边际"，甚至有"搅局"的嫌疑，从侧面反映了学生与课堂的融入感、与文本的融入感、与教学环节的融入感是极低的，处于课堂教学的边缘。教师面对突发事件，要以尊重学生主体地位为前提，要确保教学的顺利进行，顺势利导，平淡而不失自信地结合文本分析的思路，进行了相关问题的提问，不仅有对文本深度的挖掘，更是借助意外的教学资源对学生进行了启发和教育，将语文的外延深入生活和心灵。

迁移运用

"擦黑板风波"带来作文素材积累

周四的值日组是最让我这个班主任"头疼"的。课前两分钟时，一位值日生才慌慌张张地跑上来擦黑板。上课铃响了，那位值日生仍没有擦完黑板，他用湿抹布一擦，黑板顿时成了大花脸，干一团湿一团的。我压住内心的火气，微笑着说："赶紧收拾下你自己的书桌吧，准备上课了。"我拿起一块干抹布擦起黑板，黑板逐渐恢复了原来的面貌。我长舒一口气，给大家提了个问题："怎样才能把黑板擦干净？"同学们一脸的茫然，更多的是不解。

有学生说："先用干抹布擦，再用湿抹布擦。"有学生说："应该先用湿抹布擦再用干抹布擦。""最好的办法是老师少写点，擦黑板就轻松了！""劳动消极分子"在位置上说了一句。一时间，班级的气氛变得格外尴尬……

考虑到今天是上作文指导课《学会观察，善于积累》，于是，我先打破刚刚的尴尬局面，面带笑容地对刚才大部分同学的回答表示肯定，并作了如下的总结："我发现同学们没有细心观察。我们应该先用板擦擦，然后用干净的湿抹布擦，最后用干抹布擦，这样黑板就擦干净了。你们觉得呢？"面对我的总结，学生们纷纷点头表示认可，课堂教学的氛围渐渐舒缓下来。"黑板是老师传授知识的载体，模糊如同'大脸猫'似的黑板，老师的板书你们可以看清楚吗？"学生纷纷摇头。"那么，值日生擦干净黑板，最终的受益者是谁？"此刻，学生都在位置上小声地说"我们。""是的，试着培养自己的主人翁意识吧，这正是成为学习主人的关键一步！"我慷慨激情地和学生们进行着交流。

紧扣作文指导课主题，我很自然地过渡：作为一名初中生，不要"嫌弃"每一件小事、无视每一个课堂提问！生活中我们要用心去做每一件事，用心观察，细心积累，这些观察所得、积累所得的内容都将成为你们写作的素材；与此同时，善于感知周围的变化以及内心情感的波澜，捕捉生活中容易让人忽视的、不经意的平凡之美，相信你们一定可以成为一名写作小能手。

教育感悟

对于学生课堂之中存在的"交流意外"，作为教师要在尊重学生主体地位的同时，更带上一份责任感与爱护，不可对学生的行为置之不理，而应用合情合理的方式来解决问题。面对同学的答非所问，教师可以借题发挥，抓住富有意义的教育时机，将课堂师生交流中的意外转化成有意义的教育资源。教师只有保持这种敏感性，才能更容易走进学生的心灵世界，聆听到学生的真实的心声，才能采取恰当的行动，真正实现语文教学的终极目标。

浙江省绍兴市绍兴文理学校附属中学　王立诚

小练习，大文章

——应对课堂中学生缺乏情感共鸣

　　课堂练习往往处于语文教学中的"扩展延伸"板块，正如一沙一世界，一树一菩提，小练习里往往也有大文章。精心设计的练习内容，在培养学生兴趣、巩固学习成果、提升语文素养等方面都可能四两拨千斤。因此，老师有必要加强对课堂练习的优化设计，从而激活语文课堂，激发学生潜能，激励师生共同成长。

》 情景回顾

　　初二，《罗布泊，消逝的仙湖》一课的学习已经接近尾声。

　　在此之前，我带领同学们领略了今昔罗布泊的不同景象，归纳罗布泊消逝的原因，体会作者的愤怒和惋惜之情，不知不觉便接近尾声，一双双眼睛在期待着我如何结束这一课。

》 管理过程

　　在我所任教的一个班级，课堂的最后十分钟，我让同学们翻开练习册，完成"拓展延伸"板块。练习册摘录了报刊对因人类活动而遭受破坏的景观的报道。随后，我询问同学们的感想，回答包含"痛恨、惋惜、和谐相处、可持续发展"等词语，但让我疑惑而诧异的是，当同学们说出痛恨或惋惜时表情却是那般平静从容。我恍然大悟：同学们学完了文章，却终究只是在复述课文的主旨，在静观别人的情感，自己并没有发自内心地接受它，理解它。我随即决定对课堂练习内容进行优化。

在另一个班级，本课学习接近尾声时，我在幻灯片上呈现了两张图片——左侧是昔日的罗布泊，水草丰美，鱼鸟成群；右侧是今日的罗布泊，干涸龟裂，寸草不生。我深情地讲述道："我们每个人的命运，多数时候都在自己的掌控之中，可以分享，可以倾诉；罗布泊的命运，却被人掌控，无法倾诉。今天，让我们化身为它，回忆前世今生，写下内心独白，让更多的人听见它的声音。"同学们兴趣高涨，跃跃欲试。我随即提出了具体要求，并给了他们十分钟的写作时间和三分钟的小组讨论时间。写作时，大家全神贯注，笔下生花；讨论时，大家积极踊跃，热火朝天。课堂的氛围被推向了高潮。

随后，在伤感的音乐伴奏中，我请了两位同学有感情地朗读自己的文段。"我穿着胡杨长裙，野鸭在我的身旁嬉闹，我无忧无虑，像个永远长不大的小女孩。可是有一天，人类用水泥毁掉了我的容颜，建水泵抽走了我的血液，我在短短几年的时间里，被摧残成了一个丑陋不堪的老太婆。我想哭！可我的眼泪早已干涸。我真恨！恨人类内心的贪婪和邪恶！……"精彩的文段、动情的朗读，配上忧伤的音乐、鲜明对比的图片，全班陷入了沉默，流露出一种忧伤的表情。那一刻我相信，他们真正理解了作者，理解了罗布泊。

技巧提炼

在本案例中，对课堂练习的不同设计呈现出了截然不同的效果。调整后的课堂练习紧扣文本，学生不知不觉完成了对课文内容的温习，跳出"人类"的身份，更加深刻地理解了人类的行为，体会了作者的情感和课文的主旨。同时，新颖的练习形式也更能激发学生的兴趣，唤醒学生的情感共鸣。学习的状态及效果、学生的素养及态度，在不经意间向前迈进了一步。

◇◇ 迁移运用

品春酒，话乡愁

《春酒》一文中，作者回忆了自己童年时喝春酒、喝会酒的经历，在结尾感叹自己的酒酿不出家乡的味道，家乡的春酒已无处寻觅，流露出深深的怅惘之情。

在本篇课文的"扩展延伸"环节，我问同学们有没有乡愁，大家一愣，有的点头，有的沉思。我便开始循循善诱："我记得大家刚来这所寄宿制学校，只能每周回家一次的时候，有好多同学都哭了，说想妈妈，想回家。对吗？"我略微停顿，说道："当你们想家时，你们想念的是家里的什么呢？大家在本子上，以'当我想家时，我最想的是＿＿＿＿'为格式，写下一句话。"两分钟后，全班同学完成了这个小练习，我让一列同学逐一朗读。

"当我想家时，我最想的是妈妈做的红烧排骨，香味从厨房里飘出来，我早已垂涎三尺。"

"当我想家时，我最想的是小狗布丁，每次听到我的脚步声它就欢呼雀跃，我一开门它就扑上来亲吻我。"

"当我想家时，我最想的是晚饭后和伙伴们跳皮筋。在小区的花园里，我们跳到汗流浃背也不愿意休息。"

全班同学都在认真聆听。在青春敏感的年龄，每个同学都尝到了乡愁的滋味。我随即引导："乡愁是看不见摸不着的，琦君的乡愁，却浓缩在了一碗看得见、摸得着的春酒里。如果你们要给自己的乡愁找一个具体事物来寄托，会是什么呢？请大家在刚刚那句话后面，以'对我来说，乡愁是_____'的格式，再添一句话。"大约两三分钟后，我照例请刚才的同学分享。

"……对我来说，乡愁是厨房里饭菜的香味，总是萦绕在我鼻尖，温暖我的胃，温暖我的心。"

"……对我来说，乡愁是布丁奔跑跳跃的身影，它告诉我什么是简单的快乐，指引我回到温馨的港湾。"

"……对我来说，乡愁是一条长长的线，一端是我，另一端是他们。"

我接着说："大家的比喻真是各尽其妙，在诗人笔下，乡愁又是什么呢？请大家拿出我印发的《乡愁组诗》，自行朗读。"学生自由朗读后，我又带领他们有感情地齐读，最后总结道："我们每个人都将离开家乡去远行，我们会思念，更会在思念中珍惜。同学们，记住你的乡愁，记住所有让你联想到家乡的人和物，是它们让我们的人生变得温暖动人。"

教室里响起一阵热烈的掌声。

教育感悟

在我看来，语文教学有两种美：一种是宏大壮丽的美；另一种是小巧精致的美。这两者并不全然对立，如何尽精微、致广大，是一门学问。于课堂练习的设计而言，我通常有两个出发点：

其一，挖掘痛点和疑点，围绕课文中让人痛或让人生疑的地方设计课堂练习，可以让学生的思想趋于深刻；其二，挖掘笑点和泪点，围绕课文中让人捧腹大笑或唏嘘流泪的地方设计课堂练习，可以让学生的情感趋于丰富。本文的两个案例，前者挖掘"痛"，后者挖掘"泪"。

课堂练习应该兼有总结、启迪、激励等作用，在培养兴趣、巩固成果、提升素养等方面应该扮演着更为积极的角色。作为教师，我们应该做的是不断地发现和探索。

四川省成都市石室中学　周莹

内因驱动，群情盎然

——应对课堂中学生埋首不言

活跃的课堂各有各的精彩，沉闷的课堂却是惊人地相似。老师面对埋首不言的学生随机点兵点将，点一个，再点一个，但学生似乎并不配合。整节课上鲜见学生的思维碰撞，都是教师在讲解甚至是强行灌输，更不要说有精彩的解读与分析。这样的课堂，学生都是"被学习"，完全没有主动探索和思考的过程，课堂推移过程显得很漫长无趣。

情景回顾

李商隐的《锦瑟》正在讲解中，我带学生解读了前两联，第三联"沧海月明珠有泪，蓝天日暖玉生烟"，我请学生谈谈自己的感受和理解。问题抛出后，学生们都默默无语，更无人举手。不得已我又追问一遍，还是无人响应，我心里暗暗叹气，这课上得好没意思。学生们都在暗中观察、躲避着我的目光。

管理过程

思维碰撞出火花，个性解读显生机

这天正好是下午第一节课，学生有点昏昏欲睡，我决定活跃一下气氛。于是我微笑地看着大家，本来我想问："大家都不说话，难道这两句诗里有不认识的字？"结果说出来的却是："这两句诗里同学们有认识的字吗？"问题一出，学生们哄堂大笑。他们异口同声地说："字我们都认识，就是这些意向组合到一起不知道是什么意思。"真是无心插柳柳成荫，我看气氛刚刚好，索性就把自己的教学设计抛到一边，课件也不用了，然后顺着学生的问题说开去："大家不懂很正常，因为这本来就是千古难解之诗，同学们看课后第一个思考题。"题干：这首诗的主旨有悼亡说、恋情说、自伤身世说等不同看法，请谈谈自己的理解。学生读完题后，恍然大悟，思考、解读的空间瞬时变大。我索性就放手把问题交给学生，让他们以小组为单位进行探讨和交流。无需任何强制措施，学生们迫不及待地开始讨论。如果这个时候镜头推到他们的脸上，捕捉到的一定是兴高采烈的、热情洋溢的、激情满满的、真实而又自然的笑脸。一个同学站起来说："我觉得这是一首爱情诗，'沧海月明珠有泪'是说自己的恋人很美，哭起来都像珍珠一样美丽。"另一个同学高高举起手说："我不同意，这句话应该是说大海里明月的影子像是鲛人的眼泪化成的珍珠。"这时有一个同学犹豫地举手又放下，该同学平常就是睡觉大王，经常因为昏昏欲睡被老师点名。他站起来说："我觉得这句话是在说诗人自己，诗人说在茫茫大海上，月光皎洁，鲛人的眼泪像珍珠，在闪闪发光的珍珠上诗人一定是看到了自己，诗人觉得自己怀才不遇，空有才华却无人赏识。"全体师生不约而同为他鼓掌，下课铃这时也响了。本来要一节课讲完的诗，这时也不得不结束，可这又有什么关系呢？学生们闪光的思维让我感到非常欣慰。

技巧提炼

精彩的课堂就应该呈现出这样的思维交锋，这是多么可贵的学习状态。课堂一扫往日的沉闷，学生们主动站起来各抒己见，畅所欲言。这个过程中教师一旦激发出学生的原动力，就一定要站在旁观者、倾听者的角度，多听听学生的个性解读，不轻易给予指导，这样才会激发更多的同学主动起来发表自己的意见。本案例中，如果在第一个同学发言后教师就给予引导就不会有后面同学的精彩展示。因为老师的引导在学生看来那就是标准答案，即使还有什么想法，也不敢说出来了。

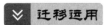

内因驱动主动探究，接纳不同思维碰撞

"氓之蚩蚩，抱布贸丝。匪来贸丝，来即我谋。"我们正在探讨诗经名篇《氓》中女主人公婚姻悲剧的原因。我想尽快进入下一个环节，所以没给学生思考的时间，直接提问。结果被点到的学生一脸茫然，其他的学生更是面面相觑。学生们的一致反应是诗歌里没有提到这个啊！怎么办？这个意外的出现打乱了我的教学节奏。我是直接讲给学生呢？还是让学生主动探索和分析呢？最终，我选择了后者。我的课件准备了四种答案：男子负心、年老色衰、经济条件、男尊女卑。紧张的合作探究后，学生的情绪出现了明显的变化，由原来被动学习的淡然变得情绪很激动，一个同学首先说："女主人公遇到了一个渣男！"大家都笑了，她接着说："这个男的始乱终弃，女主人公勤劳善良，他却不懂得珍惜，态度还很粗暴。"然后陆陆续续有学生说婆媳关系不和、男子有恋母情结，很有可能是个妈宝型的，有的说女主人公无子、年老色衰，有的说了经济条件、社会阶级等方面的原因。就在我打算收网总结的时候，一个男生一边沉思一边坚定地举起了手。他慢条斯理地说："我刚才认真听了大家的分析，我觉得问题主要出在女主人公的身上！"话音刚落，学生们一片哗然。有的学生发出了嘲笑的声音，有的甚至小声说这个同学价值观肯定有问题。尽管此时我对他的想法也不以为然，但还是平和而微笑地说："大家不要着急，听他说完！"他说："这个女的从开始就把自己摆在爱情的不对等位置上，她又给丝，又在那里望穿秋水地眺望、等待，结婚后还一直单方面地付出，而

这个男的也不懂得珍惜。如果这个女的懂得爱情是相互的，付出也是相互的，就会避免这个悲剧。还有，最后的悲剧也是因为这个女的觉醒了，毅然决定与男子结束，所以他们婚姻的终结者是女方。"其他同学由开始的喧闹，听得越来越安静，最后爆发出热烈的掌声。我给他的评价是：他的思考直接拉升了我们探讨的层次。自此以后他成为班上的思想者，遇到疑难问题，同学们都渴望听到他的见解。

教育感悟

只要给学生机会，学生就会给老师惊喜。我们做老师的不是做得太少而是做得太多。更多的时候，我们需要做倾听者而不是演说家，语文课堂需要更多的"请同学们来说一说"，而不是"请大家听我说"。静等花开，不揠苗助长，不急功近利，只要激发学生的内在动力，促进学生主动思考，语文课堂上学生思维的交锋就会碰撞出光彩四射的火花。学生的学习由被动灌输变成了主动探究，语文课堂就必然会焕发出盎然的生机。

北京市大兴区第一中学　张利欣

经典引路，开启智慧，重建心灵

——应对课堂中学生学习被动

教了多年的特优班，总被孩子们学习的激情、课堂蓬勃的气息所萦绕。从2016年开始，担任三层次班级的教学，突然发现课堂的画风变了：学生被动学习，较优的学生虽坚持听课学习，但目光里少了坚毅；较差的学生听着听着就分心走神，目光游离；更有甚者，直接打起了瞌睡……

究其根源，多因该层次学生基础薄弱，学习能力差，对学习失去了兴趣，学习没有方向，人生迷茫，无所适从，整天在教室里混日子。

遇到这样的学生，我想，应迅速找到契机，帮助孩子们摆脱迷茫带给他们的焦虑，尽力使孩子们一念觉悟，心灵重建。

❯❯ 情景回顾

高一新课《沁园春·长沙》。赏析该词上阕，我设置了如下问题：请同学们仔细阅读这首词的上阕，思考作者独立橘子洲头，看到了哪些景物？你认为作者在描绘这些景物时，哪一句或哪些句子用得最精彩？旁批并说明理由。

课堂流程：学生自主完成，小组交流，课堂分享展示。等了十分钟，以往特优班课堂中那种唇枪舌剑、你来我往的火热场面不再。我在教室里巡视了一圈：做旁批的人极少，小组交流也走形式，课堂展示分享时几乎不举手，被动地等待，或躲避老师的目光。这才高一刚刚开始！

▼ 管理过程

如此被动学习，学生的生命将越加暗淡。

怎么突破？我思前想后，决定用台湾教授王财贵的"读经"方法来试一试。我斗胆作了一个决定，停止上新课两个月。把语文课堂变成吟诵经典的学堂。用经典引路，开启理想，点燃激情，实现心灵重建。

我首先营造课堂的仪式感。和学生一起，在每堂课上课之前，面对至圣先师孔子头像，行"四拜礼"——"拊手，高揖，为天地立心；拜，兴，为生民立命；拜，兴，为往圣继绝学；拜，兴，为万世开太平；拜，兴，礼成。"学生觉得新鲜，一下子来了精神，不过，把神圣的"拜孔礼仪"当成游戏，哄闹一片。我不怒不威，温和沉静，只管虔诚地行好我的"拜孔礼仪"。一天天，哄闹声逐渐减少，拜礼声则一阵阵整齐洪亮："为天地立心，为生民立命，为往圣继绝学，为万世开太平！"渐渐拜出了至诚恭敬感恩之心。

行完拜孔礼仪，课堂变成人手一本《论语》。不管你懂不懂，无需理解，只管读，轻声读，高声读，摇头晃脑读，均可。每次读到哪里算哪里，下次再接着继续读。任务就是每天至少把《论语》全本读完一遍（大概需要70分钟），最多只能读两遍，不能抢占其他科的时间。除此，无任何语文作业。每读一遍就在书后面画一个"一"，读完第二遍再画一个竖"丨"，读完五遍就画下一个"正"。看谁能在俩月之内把《论语》读完100遍，境界一定会不一样！语文课突然变得如此"简单"。孩子们怦然心动，载欣载喜，跃跃欲试，竟然天天读之，日日诵之，如习武之人天天站桩，如戏曲演员日日吊嗓，越读越高兴。俩月下来，读得最多的孩子竟读完了120遍，所有孩子都完成了100遍的任务。最后竟辞熟义透，人生豁然有了方向。俩月后再度回归课本时，孩子们突然觉得教材变得很容易理解。

从此，我们每堂课先读五分钟经典，再上教材新课。《大学》《中庸》一路读下去，我看到了课堂久违的动人特质——蓬勃的生命力。

在本案例中，学生课堂上被动，归根结底是学习没有方向，人生迷茫，因而自我期待低，缺乏内在动力。所以，教师若只从课堂本身出发去制止打瞌睡现象，去提醒认真听讲，或者采取一些即兴方法（如联系家长等）来提高学生的注意力和积极性，只能是暂时缓解，治标不治本。一个有使命感的教育工作者，应该跳出课堂的小圈子去关注孩子们的生命本质与内在动力，使孩子们一念觉悟，心灵重建。

吉光片羽，弦歌不辍

晚自习，教室外的走廊里，平日里阳光帅气的16岁的大男孩龚派，抽噎着说："老师，我这点成绩太对不起我辛苦的妈妈了，而且这段时间爷爷又生病了，我的分数不是给妈妈添堵吗？"说着说着竟趴在栏杆上泣不成声。我站在边上拍着他的肩陪伴着他，待他慢慢平息。

高一半期成绩刚揭晓，教室里那读了两个月《论语》刚刚升腾起的蓬勃气象受到了重创。"六十天天天读《论语》，读出了课堂新气象，只两天半期考试，成绩一揭晓，让气象一朝回到解放前！""老师，你说读《论语》能让我们拨开迷雾见阳光，我们精神振奋地超额完成了任务，可这考出来的不理想成绩怎么办？怎么向爸爸妈妈交代？"其中龚派更是情绪激动。我平和淡定地看着他们，任随他们倾诉。下课时，我沉静温和地对他们说："孩子们，相信老师！"是夜，我却彻夜无眠。

第二天，课堂上，每个孩子手里多了一本林语堂的《苏东坡传》。任务：一周看完《苏东坡传》，然后以小组为单位开读书报告会！

读书报告会上，苏东坡的形象跃然而出！从"拣尽寒枝不肯栖，寂寞沙洲冷"到"小舟从此逝，江海寄余生"再到"谁怕？一蓑烟雨任平生"，从"老夫聊发少年狂"到"十年生死两茫茫"再到"此心安处是吾乡"，读书报告会精彩纷呈，孩子们不仅读出了苏轼黄州、惠州、儋州一路被贬谪的现实，也读出了苏轼的复杂思想——儒家的积极入世态度，与佛道的超然物外、与世无争的态度是矛盾的，却能奇妙地统一在苏轼身上。当儒家思想遭遇挫折时，苏轼却能峰回路转，在佛道二家思想中找到精神归宿。孩子们竟然找到了《论语》在苏轼思想上产生的神奇力量……

至此，与苏轼相比，他们的半期考试成绩也算不得什么了！虽然孩子们阅历尚浅，内心还不够坚毅强大，但作为一个教育工作者，我坚信，多读经典，得经典的引领，心中有着先贤的影子，他们必能提升为学的能力、领悟为人处世之道，必能提升气质、开阔胸襟、增长智慧。

第三次月考，依然不见成效，但孩子们已然能泰然处之。课堂那蓬勃的生命力又回来了。在这种平静淡定的心态下，笃定地学习，期末全市统考下来，孩子们却收获了意外的惊喜。

多阅读经典，孩子们逐渐功课进步，成绩好，这还只是很粗浅、很外围的表现，其实更深远的功效在于影响他们长远的一生。

教育感悟

任何被动学习的学生，骨子里都潜藏着向善向上的生命本质。若教育工作者不具备跳出课堂小圈子的眼光和见识，找不到关注学生生命本质的契机，只知道就事论事浅显地去处理孩子被动学习的表面现状，那么孩子生命成长和精神自由的空间反而会越来越狭小。而用经典引路，却为孩子打开了一扇智慧的窗。通过经典的熏习，孩子们不但培养出了语文能力，还因浸润在圣贤的文章中，奠定了人文素养的基础，最终形成人格，开启智慧，重建心灵。语文是一切学习的基础，人格是一生幸福的基础。

四川省宜宾市第六中学校　张萍

随性感性，点燃诗情

——应对课堂缺乏生气

临近中考，我们经常会遇到这样的情况：走进班级，学生有些散漫，似乎都是懒洋洋的，班级里缺少生气，有的是因为中考的压力，有的是因为疲惫。尽管不闹也不吵，但是，总是觉得在这样的氛围中，开展复习，有些莫名的压抑。这时，需要我们老师调动起学生的学习热情，使其参与到学习中来，做学习的主动者。

3月8日的课堂上，学生们一如既往要进入复习课的时候，我看着他们懒洋洋地从书包里掏出卷子、语文书，书桌上是厚厚的杂乱的各科教材和练习册。上节课和这节课，除了换了一个老师，每节课的程序对于他们来说，似乎没有什么不同。他们似乎早已习惯了这样的程式化的上课方式，没有激情没有感动，有的只是听课、做题、讲评、改正……教室里不嘈杂，但是却缺乏生气。中考，像一个巨大的魔咒套在这些青春花季的少年身上。

管理过程

我默默地叹息着，望着窗外柔和的日光，暖暖地透过大玻璃窗射进教室里。在他们慵懒而乖巧地看着我的时候，我微笑着问："今天是什么日子呢？"孩子们异口同声地说："三八妇女节！"我笑着说："现在已经有人给它赋予了很多新的名称，你们可以说说吗？"孩子们一下子眼睛里有了兴奋的火花，马上有人说"女生节""女神节"，还有人说"女王节"……我抓住这一乍现的火苗，对他们说："那么请你为这个节日赋予一个美丽的名字，怎么样？"

这一下，班级里彻底地燃烧了起来，创意百花齐放——神仙姐姐节、仙女节、洛神节、牡丹节、天使节、彩袖节、黛眉节……

我们回顾了三八节的来源，然后我说："在你成长的路上，有一个女人，付出了所有的青春，黑发染尽霜华，腰身逐渐不再挺拔，时光在她的脸上留下纵横痕迹，她从青春女生，变成无所不能的母亲；从亮丽耀眼的女神，变成青春不再的女人。也许，你没有留意到她的这些变化，也或许，你已经忘记了该如何去表达。那么，今天，趁着现在阳光正好，风儿正轻，请为你心中的女神用诗歌的方式写下你的爱和祝福，好吗？"

一席话，让所有的孩子们都从刚刚的兴奋转入了静静的思考，开始伏案书写，他们没有像平时写作文那样呆呆地不知所措或者言不由衷，这一次，似乎内心的情感都被激发了出来，他们借助于这个载体，寻找到了平时被掩藏被忽略的突破口，努力地想将这份赞美和祝福表达出来。

当下课的铃声响起的时候，有些孩子欣慰地笑着，放下了笔；还有的孩子仍然在做着最后的收笔工作。我甚至不忍打破这样一种静谧。徐莹说："岁月啊，请善待我的女神！"林基君说："也许越是珍贵的，越要深藏！"刘一冉说："我愿用生命的十年，换得我的女神平安！"张语桐说："愿你在欢乐中，不断前行。"赵亚楠说："阳光似您，却不如您。"王帅程说："夜晚我抱紧哭泣的你，别怕，以后有我陪你！"刘海涛说："我有一个秘密，那就是我爱你！"……

❯❯ 技巧提炼

作为一名语文教师，课堂里，我们是这个小小空间里的引领者，我们怎样引导孩子们，他们就会怎样成长。我们学会感动，孩子们就会在生活中发现美和幸福；我们学会富有诗意，孩子们就可以学会诗意地栖居；我们学会热爱，孩子们无论在怎样的境遇下都能热情不减；我们学会生活有仪式感，孩子们就能学会生活得有尊严、有使命感。

横看成岭侧成峰，诗意诗情诗心同

课堂教学中，我喜欢和孩子们凭着感觉对课文进行感悟，从语言、主题、人物、场景，甚至是某一个细节入手，用自己的方式来感悟文本。

那一天，学习《蜡烛》一课，孩子们对课文的背景似乎不是很感兴趣，课堂气氛一度陷入了低沉。我甚至看见有个淘气的孩子正在课本插图上将南斯拉夫老妈妈的大围巾涂上了不合时宜的花边。于是，我用最简洁直白的语言这样向他们诉说："孩子们，在炮火连天的岁月里，一个十八九岁的年轻的红军战士，远离自己的父母，甚至远离了祖国，只是为了国际支援，在异国他乡，献出自己宝贵的生命；而一个南斯拉夫老妈妈，深深感动于这样伟大的付出，倾其所有，在最后一刻，在炮火的洗礼中，用自己最珍贵的结婚喜烛守护这个年轻的灵魂。这样一种超越了国界超越了生死的大爱，足以洗涤我们的心灵，足以让后世的人们为他们高唱赞歌！那么，我们用文字来表达一下我们的哀思吧。希望能够穿越时空，去祭奠两个崇高的灵魂。"

一席话，让孩子们陷入了感动的情境之中。他们神色变得庄重起来，沉浸在彼时彼地的情境中，陆续写出这样的诗句：

> 你用枯枝般的手指，
> 握着伴你半个世纪的红烛，
> 在我胸前的土山上点起。

幽暗的光线，

溜到你深邃的眼中，

你与母亲一样，

在胸前划着十字。

一滴烛泪缓缓滑落，

滑过我永不会，

再流泪的双眼……

　　　　　　——王帅程

岁月用刀子把你的脸划伤，

但我仍能看清你美丽的模样。

在烧焦的土地和干枯的树木之间，

在一个年轻的苏联红军的坟上，

有一滴，

母亲的，温暖的，

眼泪，

伴着天使般的

歌唱！

　　　　　　——付强

　　我鼓励他们从不同的角度去改写或者书写自己对文本的理解，于是作品百花齐放：有的是从战士的角度，有的是从老妈妈的角度，还有的以方场上的树木和天空中的云彩来感知战争。这样的多角度发散思维，感受诗意，足以让孩子们深入地理解了文本，品味了语言。

　　从此后，孩子们在语文课上爱上了多角度诗意化品析课文，爱上了诗歌创作。后来，又用现代诗改版过《关雎》，用散文体改写过《醉花阴》，用颁奖词的形式为老王和斯科特海军上校写颁奖词。横看成岭侧成峰，只要有诗情诗心在，语文课永远是诗意盎然。

语文课，我虽然常常"离经叛道"地与孩子们诗兴大发，写诗作词，但我毫不后悔这么做。因为用我的感性，开启了一颗颗善感的心，点燃了一个个诗意的种子，让他们能在语文中发现诗意，在成长中发现诗心，在生活中发现光彩和小幸福，在追求与品味美中快乐着，感动着。这将是我们语文师者最幸福的事，让我们的心灵因此幸福而丰盈，并能懂得自我的价值和使命！

黑龙江省牡丹江市实验中学　赵彦辉

发散思维，重在收放

——应对课堂中学生思维脱轨

"思维的发展与提升"是语文核心素养之一。发散思维是多角度、多层次寻求问题答案的一种思维方法，既不要求学生得出统一的权威答案，也不局限于既定的理解，旨在引导学生得出具有独创性的理解。在语文课堂教学中，语文老师为培养学生的思维，会提出一些问题并与学生对话。由于语言的多义性及解读的多角度，有的学生对老师提出的问题，思考得过于发散；有的学生为了表现自己，而偏离了课堂的主题；有的学生的思考与老师提出的问题不对接，偏离了既定的主题。针对这样的情况，语文老师要有一定的处理方法。

∨ 情景回顾

带领学生学习《小狗包弟》时，为了加深学生对文本的理解，培养学生的思维，我从不同的角度补充了一些知识，然后我让学生讨论：一条小狗的遭遇，却在巴金笔下产生震撼心魄的力量，原因是什么？这样的问题是没有权威答案的。经过思考，有的学生认为是因为作者对他本人当年行为的道歉，让人钦佩；有的学生认为是因为文本能唤醒读者对那个时代的思考，有感染力。有一个学生一脸鄙夷地说：不就是狗死了嘛，有什么感染力？这种事多的是！此言一出，班内哗然，面面相觑。

学生有这样的回答，也在我预料之中，一个班级的学生能力与认知水平，参差不齐，对问题的看法也是五花八门。

我微笑着看这个学生，他一脸漫不经心。此刻我有好几个话题，想和学生对话，但是我思虑一下，认为不能游离课堂的主题，既要吸引和保持学生的注意力，又要力求让大多数学生围绕课堂主题思考。于是，我说："那你生活中，或者你看到的作品中，你认为最打动你的、最震撼你的是什么，为什么？简单地回忆下，其他同学也要思考。"没想到，这个学生深情地朗诵了食指的诗歌《这是四点零八分的北京》其中的一节："我的心骤然一阵疼痛，一定是/妈妈缀扣子的针线穿透了心胸。/这时，我的心变成了一只风筝，/风筝的线绳就在妈妈手中。"其他学生也被这个同学低沉的朗读感染而沉浸其中，并为这个学生鼓掌，这个情况是我没有预料到的。我想学生被这首诗感动，可能是和本人的阅读趣味或者生活经历有关系，我不能跟着学生的思维跑，我要紧紧地拉住思考的风筝线。我不紧不慢地说："朗读得非常好，那么这首诗歌为什么震撼你呢？"这个学生喃喃地说，因为分别。我慢慢地收拢问题，向我预设的问题靠拢："你朗诵这首诗歌，是因为被这首诗歌打动了，有时震撼我们柔软内心的，是一个个微小的瞬间。换位思考，巴金的这篇文章打动人的原因是什么呢？"经过桥梁的搭建和情景的还原，这个学生也在我循循善诱的启发引导下，回到了课堂的文本，围绕主要问题，集中思考了。

老师在文本分析过程中，会从多个方向、多个角度去解读文本，引导学生的想象力，扩展学生的思路。在本案例中，学生不是不思考，只是思考的问题和我的问题不对接。对于我来说，既不能让学生思维脱离课堂的主旨，又不能钳制学生的思维。所以我借用一个桥梁，以学生熟悉的事物引发学生的思考，鼓励学生多想，提升思维广度，跃升思维灵度，让思维在发散中，发得合理，收得也要有道理，不能牵强。

迁移运用

让宽容与欣赏助力发散思维

学习古诗，我总喜欢把课堂还给学生，充分挖掘学生的思维潜能，让学生成为课堂的主角。有一节课，让我印象深刻，那是李商隐的《锦瑟》。

这节课我设定了三个环节。第一个环节是让学生朗读这首诗。第二个环节是小组讨论交流：主题，情感，各自的读后感。第三个环节是各小组汇报研讨结果。学生在第一个环节、第二个环节都进展得比较顺利，而且学生小组自由讨论时，很兴奋，讨论得比较热火。

进入第三个环节。第一组学生代表，饶有兴趣地说：我们小组读不太懂这首诗歌的主题，我们认为这首诗太悲观，无非愁苦和哀怨。第二组学生代表，想表达话语，但有点胆怯与紧张。我一直在等待，等待就是对这个学生的肯定。时间在静静地滑过，空气中散发出其他同学焦急的气息，似乎还有学生故意把书翻得哗哗响。我气定神闲地走到他的座位边，眼神期盼、语气柔婉地说："深呼吸，我们俩先一起读这首诗，可以吗？"他点点头，其他同学似乎也松了一口气。他读后，我及时地表扬他的朗读，表达我对他的欣赏，他的眼神中飘过一丝喜悦、一丝自信。我进一步地询问："这首诗歌写了哪些事物？这首诗歌让你联想到哪些内容？以前学过类似这首诗歌的内容，你能回忆出哪些？"这位同学思路由此打开，神采飞扬地谈论他的所感所想，其他学生受他的感染也积极参与到思考中，学生的联想从纳兰性德的《木兰辞》到李煜的《虞美人》再到李清照的《武陵春》等。最后，我以"是什么促使你们联想到这些内容"这个问题完成思维的巡回。在学生思考与各抒己见的过程中，我在参与者和引导者之间来回转换自己的身份。学生则在我的鼓励与欣赏之下，逐渐放松了情绪，让自己的思维不断地深入。当听到学生的不同见解时，我的内心十分喜悦，但是课堂时间有限，思维也不能无限发散，我及时地说："请各小组把对诗歌主题的探讨，用文字表述出来，最好能探究出两个主题。"学生齐声说"没问题"。对此，我非常高兴。教学相长，我从这节课中也有所收获。

教育感悟

当下，要培养学生的思维，而发散思维是思维的一部分。在语文课堂教学中，提问是教师的讲授和学生的思考行为之间的纽带，应该说，提问有一部分的功能是调动和拓展学生的思维。教师提出难度适中的问题，发散学生的思维，引导学生从不同角度、不同层面去思考，在这个过程中，教师的态度影响学生发散思维的深度和广度；教师的欣赏与宽容，会让学生在宽松的环境下，寻求不一样的答案，或者从不同的角度思考问题，这样学生的思维就打开了。对于发散思维，教师要围绕自己预定的课堂主题，同时也要合理地收回到课堂主题上。不是所有的发散思维都能收到预期的效果，也不是所有的发散思维都能促进学生的学习，这个"度"要靠教师把控与调度。

安徽省临泉县第二中学　马绪霞

创新思维，激活兴趣

——应对课堂中畏惧创新的学生

　　写作教学中，某些学生思维刻板，表达循规蹈矩，给人暮气沉沉之感。究其原因，有的是因为应试教育思想浸淫较深，视界浅陋；有的是因为天性拘泥刻板，按部就班；抑或因少数语文教师唯书本是问，抑制了学生的创新意识。

　　作文是创造性极强的语言运用表达方式，更应该是培养学生创新思维能力的重要阵地。针对以上困境，语文教师要主动分析原因，及时寻找良方，激活学生作文兴趣，摒弃守旧思维，收获耳目一新的喜悦。

情景回顾

　　在高一"教师节"征文竞赛活动中，我把活动主题"歌颂红烛情"宣读后，便放手让学生自主立意，自由写作。可是，第二天学生上交作品时，我才发现大部分作品构思角度单一，基本停留在赞扬老师清贫寂寞、默默奉献的传统立意上。人物刻画概念化，有盲目"高大全"的趋向。个性创新的写作视角鲜有出现，照搬套的模式化文风较为突出。我决定趁热打铁，就此为学生开展一次扭转刻板思维、激活创新思想的作文活动。

当天的语文课，我先给他们讲解了燕国少年邯郸学步的闹剧，启发他们感知盲目模仿、丢失自我的害处。然后我"别有用心"念了几篇循规蹈矩的文章，由于这几篇文章在揭示主题、描绘情景时基本撞车，在我念完以后，不少学生付之一笑。这样的笑中有对普遍存在的人云亦云的作文的一种不屑，也包含了一份无奈，因为他们明知重复他人是不好的，却又对作文创新有心无力，只能提笔四顾心茫然。

就此，我列举高考作文失败的例子，从屈原抱石沉江到项羽挥剑自刎，再到动辄虚构家庭不幸博取阅卷者的同情心等，并指明大同小异的立意，陈旧干瘪的事例，失真矫饰的情感，都会让阅卷者心生厌倦，难提兴趣。

其后，我转势而为，诵读了班级两篇独辟蹊径的佳作。一篇为肖妮同学的《老师，您不是人！》，文章题目让人大跌眼镜，悬念顿起。作者先抑后扬，在回忆老师因为全力以赴教学而引来妻儿不满之故事后，马上调转笔头，记叙了他带领全班成绩逆袭的佳话，借此诠释了主题——表面是批评老师忙于带领学生追赶成绩而舍家忘我，其实饱含的是最深的敬意和最高的礼赞，老师不是人，而是我们心中的一尊神。寓褒于贬的构思，欲扬先抑的技巧，让学生顿时享受到了思维一新天地宽的喜悦感。而胡涛同学则以拟人手法切入，借助教室门前一棵树的视角，来写见证老师常年坚守的感动，可谓灵光乍现，涉笔成趣。听完两篇佳作后，班上同学脸上荡漾着跃跃欲试的冲动。我当即安排第二次创作，学生热情高涨，下笔疾书。重新上交的作品中，基本旧貌换新颜，各种意想不到的构思立意、情感抒发、技法呈现，交错而至，令人目不暇接。

后来，送往市县竞赛，我的学生包揽全县前三名，获得市一等奖的有4人，二等奖的有5人。

本案例中，由于学生生活圈子狭窄，思维受套板效应影响较大，第一次写作时被禁锢住了，或是缺乏创新出彩的意识，或是创新勇气不足，更多的则是心向往之，可是能力不够。所以作为语文教师，在孩子困顿迷惑之时，首先积极鼓励学生，点燃其创新欲望。然后通过佳作引航，智慧点拨，引导他们从墨守成规的泥潭中走出，主动激活自己创新的思维，让写作在尺幅之间投射出更多灵性和亮点。

迁移运用

思绪驰骋兴味长

在不久后的作文沙龙活动中，我为了继续启迪与训练学生的创新思维能力，便在黑白书画一个大大的"○"，要求学生展开合理而大胆的想象，构建自己的立意。因为有了原来训练的基础，学生热情高涨，思绪驰骋，一时之间妙想迭出、百花齐放、新意丛生。想到"月亮""月饼"谈思乡团圆等俗套立意者极少了。想到圆点，联系到起点者有之。想到句号，阐明人生应有完满的结局者有之。有人由刚结束的世界杯联想到足球是圆的，进而剖析偶然与必然的关系，极具思辨深度。还有的联想到自己学习中曾一度陷入起伏不定的圆形怪圈，表达了自己只有增强实力才会逃离怪圈的感叹。总之，那节课，学生用灵性的思维碰撞交流着新颖的观点，令人惬意万分。

就在沙龙活动结束之后，班上内向害羞的女孩龙敏，偷偷塞给我一张纸条："老师，看到同学们表达自己的新颖观点，我也有一种表达自我的愿望。可是，我只是想到了一种别样的伤悲，所以，我沉默了。今天我想表达给您看。"读完才知道，看见"○"，她脑海中首先想到的是妈妈滚圆的泪珠。从小，龙敏爸爸就生病去世了，留下一屁股债，要身体不好的妈妈来背负。为了让龙敏读高中考大学，妈妈狠心地让成绩很好的姐姐高一辍学，去外地打工了。长大后的龙敏，每次看见妈妈送姐姐出外打工时那满脸的泪珠，就心痛。妈妈的泪珠里，有对自己的爱意，也隐含着对姐姐深深的歉意，更有对生活的伤悲和无奈。

读后，我百感交集。我庆幸，自己激活孩子的思维，才让他们掏心掏肺与我交流，我也为龙敏这极具生活气息的想象而欣慰。当然，更多的是，我需要鼓励她，帮助她，让她感受到除了伤悲，生活还有温暖、希望和满满的爱意。以后上课的时候，我会更多地给她鼓励的眼神和赞赏的话语，我还暗中让同学多走近她，关心和鼓励她。后来，龙敏的心扉敞开了，朋友越来越多，笑容越来越多，2015年高考被湖南科技大学录取。

教育感悟

作文教学是检验学生思维、志趣、才情的舞台，因为诸多原因，部分学生作文思维表现出因循守旧、循规蹈矩。这时候，语文教师应努力营造和谐的教学氛围，捕捉其思维的闪光点，消除其担心创新出差错的担忧心理，达到激发学生创新兴趣的效果。应尊重学生的情感体验，鼓励学生弘扬求异精神，改变学生作文中"千篇一律""千人一面"的灰色局面。唯有鼓励学生不拘一格地创新，才会让作文教学课堂流动着一股清新隽永的活力。

湖南省新田县第二中学　谷咏平

第三章
学生行为问题之管理技巧

以生教生，声东击西

书香启智，因势利导

巧妙促进，灵活应对

搭建平台，砥砺成长

巧设问题，借力给力

把握契机，智慧引导

以情传情，暗示指引

对症下药，幽默化解

激发自尊，诗意唤醒

尊重理解，循循善诱

调节情绪，激发热情

以生教生，声东击西

——应对课堂中学生故意说"我不会"

说"我不会"的学生大多是真不会，但也有个别学生情绪激动，火药味十足。其原因往往是反感某一学科或老师，或者认为老师是故意找茬使他难堪。遇到这种情况，老师的反应通常是："站着就会了！""为什么不会？""你听讲了吗？想啥呢？"或者干脆罚站然后置之不理。这些处理方式轻则影响情绪，挫伤师生积极性；重则使教学中断，陷入师生二人的唇枪舌剑、针锋相对之中，甚至会将语文课变成思想教育课。

这种消极的"我不会"暴露了问题，也是教育的契机，老师应采取积极有效的方式应对，以保证课堂教学愉快顺利地进行。

情景回顾

上班多年，经常半路接班。这次接了新高三，大家都竭尽全力展示最好的自己。这一天我带着学生复习病句辨析中关联词的位置这一知识点。在讲了基本规则"同一主语（第一个关联词）放在后，不同主语放在前"后，为了把知识讲形象，我出了两个补写句子题："咱俩与一只恶狗狭路相逢，狗不是＿＿＿＿＿＿＿，就是＿＿＿＿＿＿＿。""逃犯与警犬遭遇，不是＿＿＿＿＿＿＿，就是＿＿＿＿＿＿＿。"同学们笑的笑，喊的喊，好不热闹。但只有一个男生，一个月来上课从不抬头，今天却歪着头看着我，眼里充满不屑。"这位同学，你来说一说。"我微笑着说。"我不会！"他抱着胳膊，声音很大。同学们的喧闹声戛然而止。

管理过程

此时的课堂安静得可怕。绝大多数同学都低下了头，准备迎接"暴风雨"的到来，个别学生神色莫名。不过，从教以来，我已经遇到几次这样的情况，在惨痛的教训中已经积累了"战斗"经验。

我笑着说："看来，关联词语的位置问题，确实是难点。老师问的这个问题同学没法回答，恐怕是缺乏亲身经历。你先请坐，听听同学们怎么说。"我接着问："大家能不能结合自己的阅读或生活经验，谈谈'狭路相逢'的问题？"同学们纷纷发言，有的说战争中"不是你死，就是我亡"，有人说两个朋友在森林里遭遇了熊，"熊不是吃你，就是吃他"。

"看来造句不是难点！'狗不是咬我——'"学生齐声作答。"新闻界有一句话：狗咬人不叫新闻，人咬狗才是新闻。逃犯与警犬遭遇，'不是狗咬人——'"同学们又喊又笑！

"可是什么是难点？"同学们沉默了。"弄清为什么是难点，会迁移才是关键。"我出了几个高考题，同学们的水平果然参差不齐。"病句辨析首先辨的是语法。"同学们通过讨论，"知其所以然"后，我又按照成绩递降的顺序再请几位同学复述本节课的知识，并予以补充。

最后，我再次提问"我不会"同学："听了同学们的讲解讨论，你能不能修改一个句子——'如果李白不爱喝酒，就写不出好诗'？"他马上站起来给出了正确答案。

技巧提炼

下课后，我找这名同学谈话，他坦言：他觉得我问的问题很庸俗，而且他不喜欢换老师，他喜欢原来的"女神"。遇到这种情况，"以生教生，声东击西"是教师控制情绪，保持课堂良好气氛，保证教学正常进行，并优化教学效果的有效方式。17世纪捷克著名教育理论家夸美纽斯在《大教学论》中提出"教与学的彻底性原则"，其中一个方法就是在课堂上让学生教："多问、多记并多教；青出于蓝胜于蓝。"此案例中，让其他同学来教的意义有四：正视该生的问题，缓解、暂时回避情绪问题；弱化个体矛盾，坚持课堂教学重心；优化教学效果，创新教学评价；肯定每个学生的尊严和价值，回归教育的本质。

其实，最后一次提问那位学生时，我已经作好准备，如果他还说"我不会"，我将继续请同学们来讲。

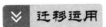 迁移运用

规定？规范！

2018年高考作文复习时，大家狂练"创新选择型材料作文"。训练一开始，我就明确指出：作文考查的是思维和思想，在立意时必须运用求同、存异或辩证分析等思维方法。但有位同学次次不按要求写，我真是忍无可忍！

一上课，我就问她："为什么不按规定写？"……"问你呢！"我音量陡增。"我不会！"

好嘛！又一个"我不会"！"什么不会？不会写作文？写不了好的还写不了坏的？"话一出口我就知道坏了。

"我以前作文一直写得很好，可现在就没法写！都按你的规定写，不成八股文了？"

"原来是不想按我的规定写呀！"快和她陷入"长篇大论"时，一个迟到的学生进来了。我一边询问他迟到的原因，一边紧张地想着对策。

"同学们，创新选择型作文的关键是选择，选择的关键是什么？假如今天我们要在唐僧师徒四人中选择两个人组成一个野外生存训练小组，你

会选谁？理由是什么？"

"我选孙悟空和猪八戒，他俩都身体素质好，意志坚强。"

"我选沙和尚和白龙马，他俩都能驮东西，适合长途跋涉。"

"我也选孙悟空和猪八戒，他俩一刚一柔，一个太讲原则，一个性格圆滑，刚好形成互补！"

"……"

"看来同学们的选择是有标准的呀！要么求同，要么存异，要么互补。"我又问那位女同学："你选谁？标准是什么呢？"她嘴唇动了动，却没有回答。

我又转向同学们："创新选择型作文是一种新型的作文，写作时要不要规范呢？我们请这次作文优秀的八位同学谈谈看法和做法。"

随着同学们发言的深入，尤其是班上两位"作家"（其中一位是班长）的发言结束，我发现那位女同学抬起了头，神色平和，若有所思。我知道，她在同学们的"多教"中已经开始了对"规定与规范"的反思，迈出了认同老师，融入课堂的脚步。

❯❯ 教育感悟

夸美纽斯说："假如要形成一个人，就必须由教育去形成。"相信教育的力量是教师的良知。每个孩子都应被温柔以待；课堂上的每个声音都有教育意义。但前提是老师得有一颗积极、包容和智慧的心。学生说"我不会"显示了问题的价值；学生的消极情绪彰显了教育的必须；教师不粗暴批评或漠视，是对自己、对教育力量的坚信，因为"对于进步表示绝望是可耻的"。教师让学生来教，易于形成注意力高度集中的课堂，何况"教导别人就是教导自己"；对于被教者，既因为被尊重而身心愉悦，又受到榜样的引领而进步。

陕西省宝鸡市长岭中学　杜凤慧

书香启智，因势利导

——应对课堂中学生搭茬儿

　　课堂上经常有搭茬儿的学生，让课堂节外生枝。从搭茬儿的类型来看，有的孩子是因为知识都懂，随口而出，有的是因为调皮的天性，有的是因为卖弄，还有的是故意捣乱。所以，他们多数是为了表现自己，引起老师、同学的注意，也有少数是明显地挑衅，挑战老师的权威。

　　遇到这样的情况，老师要迅速分清楚情况，如果整个班级都被挑动，丧失了学习氛围，老师就要用一定的方法来引导。

∨ 情景回顾

　　高三复习课。

　　带领学生赏析2010年重庆卷的文学类文本阅读《在春天里观察两只鸟》，品味"那天，让我觉得仿佛整个春天里，我都在向它们仰着脸"这句话的含义。我循循善诱：同学们，当你整个春天里，都在向着两只鸟儿仰望着脸，你可能在想着什么呢？"把它给煮了!!"一个洪亮的声音从角落里发出。本来安静的甚至有点沉闷的高三课堂突然炸锅了，尤其几个男孩子一边笑一边看着我，仿佛在等我怎么搭话。

这样的搭茬儿已经影响了课堂的秩序，吸引了绝大部分同学的注意力，破坏了师生共同营造的课堂学习氛围，冲淡了课堂的语文味。

我放下手中的试卷，看向声音的来源，角落里，那个男孩子的脸有点狡黠，有点得意，又有点不好意思。哦，我知道了，这是我语文教学上的老大难，也是这个班的混世魔王，借着"体育生"的身份，文化课从来不好好学，而语文课也就约定俗成用来休息了，我也找他聊过不少次，收效甚微。看来，今天这小子心情不错，还要把语文课堂用来娱乐，博取众人的关注。我可不能让他的"奸计"得逞。

想到这，我清一清嗓子："同学们，你们知道中国古人心目中最煞风景的事有哪些吗？"孩子们立刻不吭声了。"唐代李商隐在《杂纂》中列出几大煞风景的事情，如清泉濯足、花下晒裤、背山起楼、对花啜茶、松下喝道、烧琴煮鹤：用极清的泉水洗脚；在花丛下晒内裤；在山的背面盖房子；赏花时没有酒或有酒不喝，只喝茶，既闻不到花香，也品不到茶味；在清静幽雅的松林里，忽然有官老爷的车骑人马呼喝而过；把琴劈了当柴火煮仙鹤吃。这些都是当时让人扫兴的事情！"我在黑板上一一写下这些事情，给孩子们解释，为何这些行为煞风景。学生们不起哄了，有几个甚至在做摘抄。当我解释到"焚琴煮鹤"的时候，周边发出了几声善意的笑声，那个孩子刚才还骄傲的小脑袋开始低了下去。

我没有管他，接着说：保护大自然精灵的生存环境，就是保护自己生存的家园。再说了，这么可爱的鸟儿，怎么能煮呢？就算煮了也没人陪你分享呀，就算有人陪你分享，那最起码也是犯法的啊！

班级同学再一次发出笑声，我看见那个同学也笑了，这回是羞赧的、歉意的微笑。

在本案例中，该生一方面是因为对语文学习不感兴趣，另一方面是为了刷自己的存在感。所以，我因势利导，采取了语文的方式来解决问题。古人"几大煞风景"典故的解说，能够把学生从他戏谑肤浅的言论中拉出，拉回到曼妙的书香之中，用文学的美妙来给孩子粗糙的心灵以美的熏陶，让整个班级从喧哗浮躁回归到书香诗意。

迁移运用

直呼师名不可取，文化规矩立心头

下课，还没走出教室，只听到后面喊："谢发茹，站住，你的茶杯丢啦！"回头一看，班级那个有名的调皮鬼指着我讲台上的茶杯朝我喊。大多数同学都咧着嘴在笑，我知道，不仅在笑他的"热情"，也是在笑他的"直呼其名"。

我微笑着接过茶杯，默默在心底谋划：该生只是自认为和老师关系好，所以当众对老师直呼其名。这样的"呼名"无伤大雅，但和我们"师道尊严"的传统文化不符，也和我们语文课堂的氛围不符，同时，过于亲近的没有分界的师生关系，对语文的教学和学习也是不利的。我得让他们在学习中懂得文化，在文化中明白规矩。

下一节课，把本来要讲的内容放一边，说：同学们，我们来谈谈古代文化常识中的"名与字"：古人有名有字。名一般指人的姓名或单指名。古代婴儿出生三个月时由父母命名，供长辈呼唤。男子20岁（成人）举行加冠时取字，女子15岁许嫁时举行笄礼取字，古人起名取字方式虽多种多样，但名和字一般在意义上都存在一定的联系。你们能不能举个例子呢？孩子们七嘴八舌，有的说名与字含义相同或相近，彼此能起解释的作用，比如诸葛亮，字孔明，"亮"与"明"的字义十分相近；再如毛泽东，字润之，"泽"与"润"含义也相近。有的说名与字所取文字的含义正好相反相对。比如唐宋八大家之一的韩愈字退之……

看着孩子们讨论热烈，我趁机追问：名和字在使用上有什么不同？孩子们略有迟疑，我补充：一般来说，名是留着自称的，对人称自己的名，是一种谦虚与礼貌。比如，据《论语》记载，孔子为显示自己的谦让有礼，在学生面前常自称"丘"。一般地说，自称名的场合，常是下级面对上级，臣子面对君王，晚辈面对长辈。同样地，称谓对方时，便以称字而为礼貌。尤其是下级谈及上级、臣子谈及君王、晚辈谈及长辈，绝不能直呼其名而得称字。至于平辈之间，为表示对对方的尊敬，也以称字的多。如西汉李陵《答苏武书》："子卿足下，勤宣令德，策名清时。"子卿自是苏武的字。

紧接着，我举了一个反面的例子。唐朝大诗人杜甫在成都时，曾作严武幕僚。一次醉酒后，杜甫竟当着严武的面说："不谓严挺云乃有此儿！"因为失言，他竟直呼严武父亲的大名。这下可把严武弄火了，他顿时暴跳如雷："杜审言之孙敢捋虎须乎？"杜审言是杜甫祖父的大名。严武"回骂"又升一级，可见当时称谓要求之严格啊！

"孩子们，老师想问一下，你们可以在公众场合直呼我的大名吗？"这个知识点告一段落的时候，我轻轻一问，然后转入课堂学习。

自此，这个班，再也没有同学在大庭广众喊过我的名字。

教育感悟

每一个学生都是一个丰富的个体，对于爱搭茬儿的学生，首先要临阵不乱、理性分析：分析该生搭茬儿的原因，搭茬儿的内容、性质，在课堂可能引起的后果，然后有的放矢，有针对性地去解决。这时候，如果语文老师以丰厚的文学底蕴将浮躁或者肤浅的学生拉到美妙的文学世界中来，再以高超的语言表达能力感染学生，陶冶学生，我想：不仅仅是课堂纪律得到了良好的管理，语文的学习也得到了升华与提升；不仅仅是该生受益，全班同学也受益；不仅仅这些孩子当前有所获，对他们接下来人生里思维的发展、审美的培养等皆做了良好的铺垫。

安徽省肥东县第一中学　谢发茹

巧妙促进，灵活应对

—— 应对课堂中学生学习效率低

　　课堂是教师教学和学生学习的重要阵地，课堂教学效率的高低决定了教学质量的高低。一个成功的学生，最为快乐、最能得益的地方是课堂；而一个不成功的学生，最苦恼、最少获得进步的地方，也恰恰是课堂。我们老师必须独具慧眼，善于捕捉课堂上充满智慧的"灵光一现"并即时纳入临场设计中，巧妙运用于教学活动之中，使课堂教学走向睿智，让课堂在意外中生成精彩，在灵动中生成智慧。

情景回顾

　　周四上午第三节课，学生刚上完课间操回来，略显倦意。我激情满怀，带领学生开始学习丁肇中先生的《应有格物致知精神》。"同学们，谁来介绍一下作者？"无人应答！"作者为什么提倡格物致知？"学生们的头埋得更低！无奈之下，我只能求其次："大家想通过这篇文章了解些什么呢？"依旧是令人尴尬的沉默！我怒火中烧，想把学生训斥一顿。但看到如此冷场的局面，我猛然意识到：效率如此之低，这堂课要出问题了，考验语文老师课堂掌控能力的时候到了！

我意识到：要让学生走出沉默，必须了解学生沉默的原因。我灵活应对，故作轻松地调侃了一句：大家今天都加冕了吧？怎么变得金口玉言了呢？学生都笑了起来，气氛开始变得活跃起来。"老师，我预习得不够！""老师，这篇文章我没有真正看明白！""老师，我们上完操回来，爬了四层楼，气还没有喘匀呢！"……

原来如此，我开始调整课堂的步骤！我急中生智：同学们，大家考虑一个问题——如果把生鸡蛋放进清水中，鸡蛋会怎么样？学生齐呼：鸡蛋会下沉！我继续追问：根据大家所掌握的物理知识，猜测一下，如果把生鸡蛋放进盐水中，鸡蛋又会怎么样呢？有几个学生在思考后回答：上浮！沉默的僵局已打破，我乘机引导学生探究：为什么同一个鸡蛋放进不同的液体中会出现两种完全不同的结果呢？学生沉思一会儿，开始回答原因：清水的浮力小于鸡蛋的重力，所以鸡蛋下沉；盐水的密度增大，使得浮力大于鸡蛋的重力，所以鸡蛋上浮。我借机巧妙促进：要获取新知识、新理论，必须通过亲自实验得到。今天我们要学习的课文《应有格物致知精神》，就是主要论述实验精神在生活中的重要性的。学生的兴趣陡然大增，顺利地开始了这节课的探索之旅。

这节课上，我努力营造良好的课堂学习氛围，使学生积极参与课堂教学，积极发言，让课堂焕发出生命的活力。

当语文课堂中出现状况时，我巧妙促进，灵活应对，力求建立一种生生之间、师生之间的互动交流的新型课堂文化，引导学生把心里的想法准确无误地表达出来，使学生畅所欲言，让学生在观察中学会思考，培养学生拥有一双发现问题的眼睛，更拥有一颗感受文字、热爱生活的心。

课堂提问是课堂教学中关键的一环，高质量的课堂提问能激发学生阅读理解文章的兴趣。我非常注重在平时备课中精心设计课堂提问，特别注意面向全体，使所有学生都有被问到的机会，充分调动各层次学生的思考积极性。

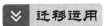

巧妙促进言得体，灵活应对巧育人

语文课上，学习完《一滴水经过丽江》后，还有十分钟，学生开始做课堂达标练习。我在教室内巡视指导，突然发现一位女生快速地接过后桌的一张纸条，并藏在手心中。为了不打扰其他同学，我悄然而快速地走到那位女生的身边，用低沉而不容置疑的口吻喝道：交出来！在我的强大攻势下，女生乖乖地把纸条交到我的手上！

打开一看，我顿时大吃了一惊！纸条上写着：十六班的那个女生又高又瘦，长得又漂亮，追吗？我瞬间明白了：这是几个学生在传条，只不过在某个环节中被我发现了！"怎么办？"我快速地转动着脑筋，如果这种情况不及时制止，不但严重影响课堂效率，而且还不利于学生健康成长！

我灵机一动："同学们，咱们来猜个谜语，怎么样？"同学们顿时兴奋起来："好！"我微笑着接着说："大家来猜一猜，十六班有一个身材好长相漂亮的女孩，咱班的男孩子中谁最有资格追？"一石激起千层浪，在激烈的争论后，一个成绩优异且阳光帅气的大男孩胜出！我出奇制胜：梁世坤同学，祝贺你！全班只有你有资格追十六班那个美貌的伊人，你是否需要帮忙牵线搭桥？这时全班同学已哄堂大笑！"不！不！老师，我现在的主要任务是学习，不考虑这个！"梁世坤同学斩钉截铁地作出决定，口气不容置疑！看来我的欲擒故纵已颇见成效！

我不失时机地开始点拨：在这求学的关键时期，男女生之间应正常交往，不要谈恋爱，特别是女生，因为以后爱情会适时眷顾！男生学业和事业有成，不怕没有女朋友！努力优秀，为再见的时候！如果离别不可避免，请让我们互道珍重！

于是，我又引导学生开始回忆那些志士先贤曾写过的表达雄心壮志的诗篇！从"三更灯火五更鸡，正是男儿读书时"到"少壮不努力，老大徒伤悲"再到"少年易老学难成，一寸光阴不可轻"，学生群情激昂，踌躇满志，欣然写下了"我相信，梦里能到达的地方，总有一天，脚步也能到达""勤奋是探求知识的舟楫""求学无笨者，努力就成功"等等励志的诗行，令我非常的感动！

这样，在轻松愉快的氛围中，巧妙地化解了学生心里的情结，又杜绝了此类事件的再次发生，提高了课堂效率！

教育感悟

老师上课的时候要用脑、用心，随时观察学生的反应，体会他们的感受，然后对课堂内容、形式或讲课节奏作出适当的调整。在学生沉闷的时候，释放一些激情给他们；在学生过于活跃的时候，传递一些冷静的信息给他们。

课堂教学可以有一些生活化的考量设计，优化课堂教学过程，给课堂教学注入生机和活力让学生在课堂上学习生活，体验生活，受到情感熏陶，并提高课堂效率。如此，课堂教学收到事半功倍的效果也就顺理成章了。

山东省德州市武城实验中学　付超

搭建平台，砥砺成长

——应对课堂中学生参与度低

课堂上总有这样一些学生，他们事不关己高高挂起，神游于课堂之外，或者因为自卑不敢参与和表达，或者是热情不足、冷眼旁观，导致学习体验不足，思考深度不够，更无从谈起生命成长的喜悦，教育的点燃与唤醒更是遥不可及。

如何让课堂真正成为所有孩子生命成长的地方，让学生热情投入，让学习真正发生在学生身上？教师不妨利用沟通平台助力课堂管理。

情景回顾

第三节，语文课。我带领学生学习《丑小鸭》，分配好展示的任务后，各组进入紧张的准备阶段。巡视时，我发现第四组组长正迅速地分配任务，和组员商量是让八号单独读还是和大家一起合读。"我能行吗？"八号冯施洋同学小心翼翼地说。我知道他在担心自己，因为他底子太差了，字歪歪扭扭，语文升初中的成绩是30多分……但是我在他澄澈的眼神里看到了一丝尝试的渴望。

管理过程

对于这样的学生，如果听之任之，可能永远在课堂上听不到他的声音，更看不到他的色彩。如何鼓励他走出那道门，迎接属于自己的那道彩虹？我当即叫停各组，补充了各组竞拼的积分办法：单独展示，每人次积2分。补充意见一经宣布，我看到组长积极地劝他，我走过去轻拍着他的肩膀和大家说："我看你们组长有眼力，他能读好，你们说呢？""嗯。读吧，你能行。"他抬头看到我鼓励的目光，鼓起了勇气说："那好吧。"当我巡视别组情况的时候，我听见第四组已经开始演练了。

展示时间到，四组组长首先介绍说他们最喜欢的是丑小鸭变白天鹅的那个部分，接下来依次读起来，当到八号的时候，屋子里更是格外宁静，宁静里还带着紧张。因为冯施洋在大家眼中就是一个胆小、说话吞吞吐吐的同学。同学们一定在想：第四组怎么能让他单独亮相呢？他开始读了："他感到非常难为情。他把头藏到翅膀里，不知道怎么办才好。他感到太幸福了，但他一点也不骄傲，因为一颗好的心是永远不会骄傲的。他想起他曾经怎样被人迫害和讥笑过……"他的声音里像是凝聚了所有的磁力，个别地方还有些不连贯，但在这个文段的朗读中竟然让人感觉到是激动和难忘的回味。当他坐下的时候，屋子里先是静静的，片刻后，忽然是一片雷鸣般的掌声。"给第四组加2分，因为八号很成功！"我说，"你们的掌声就是加分的最好理由，对吧？""对！"全班同学大声地喊道。当我把加分写在黑板的小组评价栏里后，我看到他的小脸涨得通红，正如他所读的文段里的话一样，"他感到太幸福了！"

课后，当我在走廊的沟通平台上写评语的时候，围过来的同学说："老师，写冯施洋！老师，写冯施洋！"我笑了，同学们多可爱呀！他们品尝到了互帮互助、合作学习的快乐，他们都在成长，不仅有知识的获得，更有人格的完善。我在沟通平台上写下这样一句话："我为冯施洋本节课的表现而骄傲，我为第四组的力量感到震撼！"

≫ 技巧提炼

教育的本质是唤醒与激励，要让学生感受到自己是被需要的，是团队中不可或缺的一员。当学生为他人而努力的时候，不仅得到能力的锻炼，更得到人格的提升。对于不敢以及不愿意表现的学生，巧用小组合作的团队评价以及沟通平台，放大学生的成就，不失为一种教学管理策略，因为人最深切的愿望是被肯定。

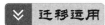

巧用沟通平台，铁树也能开花

月考成绩下来了，二班的小雨语文得了15分。这个成绩让南南很诧异，她说："二班，有一个15分的呀！"我很平静，因为小雨，他是个智力有障碍的孩子。

多少次看着他，静静地在那里，仿佛若有所思，又好像什么也没想。课间其他孩子说笑打闹彰显着生命力，而这个孩子，静静的！多希望他的脸上有快乐，多希望课堂上听见他的声音……可是，他就是这样，一言不发，甚至看不到他抬头的时候。

而今天，意料不到的事情发生了。课堂上，各小组摩拳擦掌，准备在朗读展示上一比高低。第一组，声音格外洪亮，第二组很用心地编排了每一个动作，设计很精巧！第三、四组……第七组那感染力，那声音简直是将人引入胜境。到了第八组，四个人在下面，三个男生到台前，配合得相当精彩，迎来掌声阵阵。当我看见小雨静静地坐在那里，没有参与，我没有责问，而是说："如果小雨参加的话，这组就更好了。"这时，八组组长小心翼翼地说："我们组小雨能读出来，行吗？"我说："太好了，请大家鼓励第八组小雨的朗读。"心里也担心着他能读完整吗？然而接下来奇迹发生了，从来没有在语文课上站起来发言的小雨居然站了起来，全班立即变得格外安静，大家也在期待，屋子里弥漫着一种好奇而又期待的气息：他说话的声音是什么样的呢？其实我也期待，我和全班同学听见了他颤颤巍巍的声音，那声音不大，但仔细听还可以辨别读音的。他居然把那首诗歌完整地读了下来，虽然中间确实经小组同学多次提醒。其间我又是激动又是担心，担心他放弃，半途而废，那将是怎样的挫败感啊。当最后一个字音落下，全班响起了雷鸣般的掌声。

同学们激动地拍着掌，我也极其兴奋，我大声宣布，给第八组个5分的高分。我问同学们：值得不？大家异口同地回答说值得。课间我在沟通平台上写下："第八组是个团结奋进的有力量的组，我为这个组感到骄傲。"我更带着这份激动的心情走入办公室和老师们分享我的快乐。

⌄ 教育感悟

小组合作，铁树能开花。每天一小步，不断坚持就是一大步。在小组合作和沟通平台的激励下，学生得到了最宝贵的财富，那就是快乐，融入集体的快乐。快乐地过好每一天，是孩子们要学会的，也是受到良好教育的标志。

黑龙江省牡丹江市实验中学　刘百荣

巧设问题，借力给力
——应对课堂中学生急于突破自我

课堂中我们常常见到这样的学生——有一定的察觉力，意识到自己性格中的一些薄弱之处，急于突破自己的软肋和短板，迫切需要遇到一个"更好的自己"，在群体中树立自己新的形象。

这种孩子让人钦佩，毕竟，每个老师都希望看到孩子在成长的过程中修炼自己，完善自己。作为教师，采取合适的方法，巧妙引领，搭建平台，或许会给孩子带来意想不到的收获。

情景回顾

我打算下午进行听写检查，安排结束后，我给张硕补充了一句："你给马静雯说一下，下午让她组织大家听写。"这是我不止一次说过的话，因为马静雯同学响亮的嗓音、清晰的语言表达能力往往能形成很强的气场。

奇怪的事情发生了，下午自习课，我正坐在教室后面批改札记，教室里突然响起了洪亮的声音："大家不要背诵了，请安静，现在开始听写！"

教室里"轰"的一下炸开了锅。大家一定是不习惯张硕这"大气磅礴"的形象，脖子一下子都伸得很长，目光追随着张硕同学的身影。

我发现张硕同学步伐移动得特别快，这步伐，是一种掩饰，还是一种对自己的鼓励和加油？

响亮并且依旧底气十足的男中音在教室里回荡了起来，善意的起哄声渐渐平息了下去，大家开始了紧张的听写。

我有点不确定地问了问旁边的学生："刚才那声音是张硕发出的吗？"

"是的，"她微笑着说，"是张硕的声音。"

⌄ 管理过程

这个孩子反常的举动引起了我的注意，我突然捕捉到一个很好的契机，这一契机，意义重大。

我一定要助力这个勇于突破自己的孩子，想到这，我停下了手中的活，说："同学们，我刚才批改大家的札记，看到了一位同学对另一位同学的一句点评：一路走来，我对你从厌恶到喜爱，我看着你从飞扬跋扈到温润如水。老师觉得这句话说得真好，从中我可以感受到两位同学的变化。我觉得这样的语句真好，我们也应该试着仿写一下，我给大家出一道题目，请大家写出来，两分钟后，我们分享。"

我的题目是：张硕，一路走来，我看着你从（　　　）变为（　　　）。

真可谓一石激起千层浪，教室里顿时炸开了锅。马少坤同学说：看着张硕一路走来，从"毛绒玩具"变为"变形金刚"。张希寅同学说：看着张硕一路走来，从"温润如水"变为有点"飞扬跋扈"。……

总之，我们都感觉到：张硕变了！变得和以前明显不一样了，变得想弥补自己的短板和缺陷了。

我用余光看了一眼张硕，我发现在大家的鼓励和赞美中，他的眼神淡定了很多，褪去了以往的羞涩，腰板也挺得比以往更直。

我打算趁热打铁，继续助力。

我说："张硕，今天为什么要和马静雯同学临时调换工作？请上台发表两分钟演讲。"

张硕微笑着，眯着眼，依旧是那么温和："大家知道，我和马静雯都是语文课代表，但是我总是负责一些抱作业本、翻作业本、布置作业的工作。一些公开露面的场合都是马静雯同学承担的。我非常高兴能和与我互补的马静雯同学搭档，说实话，我从她的身上学到了很多，但我非常想突破自己的短板，我讨厌那个胆小怯懦不自信的自己……"

发言结束了，教室里想起了雷鸣般的掌声，因为我和高二（7）班的全体同学都知道，勇敢地跨出这一步，对于有些腼腆和羞涩，并且不善言辞的张硕来说，是多么的不容易。

∨ 技巧提炼

在本案例中，该生已经有了明显的自我突破、自我成长的意识，深深地认识到了自己的短板和软肋，急于突破。我"巧设问题"，由学生札记随笔中的一句话，巧妙引领，设置仿句，给一颗勇于突破自我的心呐喊助威；我"借力给力"，采取了发动全班同学的方式来助力成长。其他同学的赞美和点评，对这个孩子意义深远；而对更多的孩子来说，这个孩子勇于突破自己软肋和短板的行动，无疑是有深刻的启发和影响的。大家深深体会到突破自我的魅力，才会寻求突破改变。而改变才是成长唯一的力量。所以，教师要善于抓住契机，因势利导，助力成长。

∨ 迁移运用

借双慧眼识强心，巧设问题助成长

课堂上我分享了这样一句话："若臧武仲之知，公绰之不欲，卞庄子之勇，冉求之艺，文之以礼乐，亦可以为成人矣！"

这句话的意思是，子路向老师请教什么是完美无缺的人。老师回答："如果像臧武仲那样聪明，像孟公绰那样清心寡欲，像卞庄子那样勇敢，像冉求那样多才多艺，再加上礼乐的修饰，也就可以成为完美无缺的人了。"

我们常常说：生活不是缺少美，而是缺少发现。如何能发动同学，让他们长一双"慧眼"，勇于发现身边人的优点？

鉴于此，我设计了一个问题：在你的周围，你觉得获取哪些人的优点才可以做到臻于完善，成为完美无缺的人？

仲悦僮同学说："若邱筱之聪慧，贺懿之广博，王一诺之友善，王欢之明辨，吾之坦荡卓然，亦可以为成人矣!"

邱筱同学说："若王欢之勤思善辩，马少坤之乐观进取，马静雯之才思敏捷，张硕之敦厚仁义，亦可以为成人矣！"

从身边的人身上吸取优点，一定是切实感觉到了这些优点所带来的光芒，萌生"心向往之"的念头，不仅融洽了学生关系，也进一步明白见贤思齐。简单的一个仿句设置，巧设问题，借力给力，被点到的同学每个都心里喜滋滋的，这个年龄段的孩子，是多么看重自己在同伴心中的形象！

教育感悟

每一个孩子都有成长突破的内驱力，教育就是唤醒孩子本自具足的智慧和爱。课堂中的灵光一闪遍地都是，缺少的，恰恰是一颗捕捉灵光一闪的心。往往就是那么不经意的一瞥，恰恰就能碰撞出思维的火花。仅仅是怀着欣赏的心去倾听，就能找到一把钥匙，轻轻叩开尘封已久的心。对于勇于挑战自我、勇于突破自我的学生，教师应该巧妙引导，搭建舞台。再借助这个年龄段孩子非常看重自己在同伴中的形象的心理特点，既引导学生拥有一颗善于发现别人优点的眼睛，又助力学生成长。

宁夏回族自治区吴忠市吴忠中学　于小峰

把握契机，智慧引导
——应对课堂中学生的"无用"问题

　　课堂师生互动过程中，经常有学生提出一些看似"无用"的问题，让课堂平地起波澜。从问题的表象来看，学生所提问题与课堂教学任务无关，与所授知识无关。但是细究其实质，就会发现在这些看似"无用"的问题背后，是学生课堂思维的积极活跃。

　　所以，作为老师，要理性分析，运用教育智慧，把握契机，灵活引导，化"无用"为"有用"，甚至"大用"，达成语文教学的艺术境界。

∨ 情景回顾

　　高一新授课。

　　和学生共同对译串讲人教版高中语文第四册文言文单元第一篇《廉颇蔺相如列传》，学生质疑，学生答疑；我适度点拨，明确知识，指出方法。课堂气氛很好，一切都在按部就班地进行。"老师，我有问题。'睨'是'斜着眼睛看'（斜视）的意思。蔺相如为什么要斜着眼睛看柱子？"

　　"这……""哼……""嘻嘻……""嗤嗤……"学生在下面发出各种声音：有疑惑——怎么会提出这种问题？有轻视——你的智商哪里去了？有反感——是想故意捣乱吗？有旁观——老师怎么办？……

　　我看向提问题的那个胖胖的男生，他先是一本正经地看着我，之后在同学发出的各种声音里变得茫然，手足无措……

这一瞬间，学生的所有反应给我的是相同的暗示：这是一个与课堂教学无关的问题，或者干脆一点儿说这是个无用的问题。当时，我在心里问了一下自己"蔺相如为什么要斜视着柱子？"一问之下，倒感觉将问就问、把握契机，教学或许大有可为。

我看向提问题的男生，又环视全班。各种声音停止了，学生全都静了下来。我一字一字清清楚楚地问道："蔺相如为什么要斜视着柱子？或者说，蔺相如为什么要斜着眼睛看柱子？大家好好想一想。"学生先是一怔，接着小声讨论起来。问问题的男生僵硬的表情化开了，满面笑容，也开始和同桌讨论起来。

"老师，秦王坐章台见相如。在秦国的朝廷上，蔺相如孤立无援。他拿着和氏璧威胁秦王，眼睛绝不敢正视柱子，还要防备秦王和大臣等人来抢和氏璧呢！"

"但蔺相如还是得看柱子，让秦王知道他的决心，才会恐其破璧，才会答应蔺相如提出的条件。"

"对啊！对啊！只能斜着眼睛看……"

甚至有学生摆了一个姿势来模仿蔺相如，"就是这样、这样，必须用'睨'字才能写出这种状态……"

不仅解决了学生的问题，还开始了对语言文字的品味。我适时引导："是啊！只有'睨'字才能栩栩如生地写出蔺相如当时与秦王抗争的情形，体现出他的智慧和勇气。文中还有这样的字吗？"

"有！有！"

"我们找出来，鉴赏一下吧！"

"'授'，'王授璧'里的'授'，写出秦王高高在上的姿态……"

"'盛'，'赵亦盛设兵以待秦'中的'盛'，写出了赵国军队之多，也指明了'秦不敢动'的原因；还有这句里的'待'字……"

随着找出的文字越来越多，学生发现：文本中的语言文字用得都很好、很恰当、很精妙……原来，司马迁的《史记》被鲁迅誉为"无韵之离骚"是有其道理的，而《史记》的语言历来被奉为"古文"最高成就也是有道理的。那么，在语文学习中，在日常生活中，更要注意语言文字的准确理解和运用了。

学生沉浸在对语言文字的品鉴中，沉浸在语言文字的精妙世界里，再没有人去想那个看似"无用"的问题。

技巧提炼

在本案例中，如果教师直接选择忽视，当时的情景下学生一定不会觉得不妥。但是，一直以来我努力创设的已经初见成效的学生上课积极思考、积极发言的局面必然会受到影响。被忽视的男生积极性受挫是毋庸置疑的，其他学生也会在想要发言时犹豫不决——我的问题有用吗？会不会被老师忽视？会不会被同学嘲笑？所以，我"把握契机，智慧引导"，把学生的关注点从"问题是否有用"转移到"语言文字的推敲"上，引导学生在质疑解难的过程中品味语言、感悟文字，就回归到了语文课堂的根本，回归到了书香课堂。

迁移运用

语言文字求甚解，书香课堂活水源

"老师，刚才课上你说'王'部其实是'玉'部，一般情况下，'王'部的字都和'玉'有关。那'班级'的'班'和'玉'有什么关系？"

刚刚下课，正在整理教案的我抬头一看，班级里那个最爱和老师争辩的学生正从后面的座位向讲台冲来，教室里的学生也停下正进行的事情，抬头看向我。

"'班级'的'班'，里边有两块玉，当然——必须——和'玉'有关系啊！"看着学生的注意全都集中过来，人人一副急于知道的样子，我就不再卖关子，"班，会意字。从珏，从刀。金文，中间是刀，左右是玉。象在用刀割玉。本义是'分割玉'。《说文》里，'班，分瑞玉也'，由此引出'分开，离群'之意。记不记得李白《送友人》里有句诗是'挥手自兹去，萧萧班马鸣'？当然还有其他意思，老师记不准了。你们可以查一查啊！或者不止查'班'字，查查我们能够想到的带'王'字旁的字。"

看着学生跃跃欲试的样子，我灵机一动："如果你们愿意查，下次上课我们调整一下，让查字的同学汇报一下成果。要显示出我们的水平呦！"

第二天，语文课上。

"璧，形声。从玉，辟声。本义是'平而圆，中心有孔的玉'。《说文》里，'璧，瑞玉环也'。《尔雅·释器》里，'肉倍好谓之璧'。温庭筠有诗'威凤跄瑶簴，升龙护璧门'，李白有诗'片辞贵白璧，一诺轻黄金'。还有敬辞'璧还''璧谢'。"

"瑄，古代祭天用的璧。《说文》里，'瑄，璧六寸也'。《尔雅》里，'璧，大六寸谓之瑄'。"

一节课的时间远远不够，学生查的字课下交流。自此，学生对文字的热情大增，汉语言文字在学生心里逐渐鲜活起来。

教育感悟

学生有着天然的好奇心，课堂上思维活跃的学生常常发出"无用"之问。这时候，如果老师以丰富的经验、丰厚的学识，将学生的思维拉回到对语言文字的品鉴之中，拉回到丰富的文学世界里，再以适切的语言智慧地引导，激发学生的学习兴趣，则课堂可焕发活力，母语教育必诗情画意。

辽宁省大连市育明高级中学　高岩

以情传情，暗示指引

——应对课堂中学生注意力不集中

在课堂教学中，经常会出现学生注意力不集中的情况。究其原因，大致可以分为这样几种类型：一种是学生自身没养成好的学习习惯造成的；一种是家庭、学校的客观环境影响造成的；一种是学生处在青春期，思想比较敏感，波动性比较大造成的。遇见这种情况，作为任课老师在课堂上要迅速弄清楚学生注意力不集中的原因，从细节入手，给予适当的疏导，灵活地运用教育机智化解尴尬，激发孩子的内在学习动力，为孩子的学习夯实基础。

∨ 情景回顾

八年级（3）班，上午第三节语文课。

伴随上课的乐曲，我意气风发地走进教室。按照惯例，在讲授新的教学内容之前，仍然先复习一下上节课学习的内容——《桃花源记》的解词部分。我上课的提问仍然是以小组为单位，每个小组组员轮流回答问题。

当我提问到"黄发垂髫"这个词时，轮到三组A同学回答，他支支吾吾半天回答不上来。后来我发现他竟然连我问他什么问题都不知道。他平常的表现还是很好的，我一看他的状况，肯定是注意力不集中造成的。在组员的阵阵催促声中，他还是不知道怎样回答，显得手足无措，脸都涨红了，仿佛犯了大错一样。别的小组好像很幸灾乐祸，起哄声阵阵传来。按照班级规定，问题回答不上来，要给所在的组扣分。我问他们这种情况应该扣多少分，班级瞬间静下来……学生面面相觑，静等我的处理。

这样的情景，时常发生在我们的课堂中，既干扰了学生的注意力，破坏了师生共同营造的学习氛围，又扰乱了课堂学习的节奏。

我缓缓走到这名学生跟前，拍拍他的肩膀说："你昨天晚上是不是赶夜车了，造成今天的注意力不集中？"他有些不好意思地低下了头。我马上对班级学生说："大家给A同学一个将功补过的机会吧，如果他能把课文全篇背下来，就不给他扣分了，好不？"大家齐声说："好。"于是，他就大声地背诵起了课文，背的质量非常好，班级里霎时响起了掌声。（平常他课文背得就很好，我心里有底。）

这样学生的注意力瞬间发生了转移，而且还帮这名同学解决了尴尬状态，保护了他的尊严。课后，他非常感激地跟我说："谢谢老师，我以后上课一定会认真听讲的。"

❯❯ 技巧提炼

案例中学生的表现是随机性注意力不集中，有突发性，所以我运用教育机智化解学生尴尬，以奖代罚，将惩罚变为一次学生愉快的自我教育。改变课堂情景，既维护了学生的尊严，又达到教育学生的目的。教育很奇妙，有时候真的是一项艺术而不仅仅是技术。

❯❯ 迁移运用

当敬不敬不可取，尊重他人记心间

某一天的早课，我早早地来到教室，准备讲前一天的考卷。这时，突然门开了，一个身影闪入教室，缓缓地坐到自己的座位上。我刚想发火，瞬间深呼吸几下，平复一下自己的心情，没有让自己爆发。平常对学生的教育，我是很注重细节的，比如进教室要敲门、行礼、不许声音大等。学生们的注意力被他的表现给打乱了，怎样重新收回学生的注意力呢？我采用了冷处理的方法，当作此事没发生一样，继续讲我的课，不时说一两个小笑话，课时任务在轻松的气氛中完成了。

下午自习课，我临时安排了一节班会，以模拟情景为主体，情境大概是这样的：

教室是一个模拟招聘考场，有几个主考官要进行面试，门外有应聘人员，手里拿着个人简历，随着组织人员的一声令下，面试开始了。第一个人推开门，面对考官侃侃而谈，对答如流，出来的时候感觉似乎志在必得，信心满满。第二个、第三个……到最后一个将要进去的时候，轻轻地敲了敲门，很有礼貌地跟主考官交流，态度充满了尊重和谦卑。

面试结束了，大家静等最后的录取结果。考官宣布：最后一名进去的招聘者获取了这次面试的最高分。正在大家想问考官的时候，考官说话了：前面的应聘者一个都没敲门，眼睛里充满着自傲，一副唯我独尊，舍我其谁的模样！而最后一个应聘者很关注细节，处处充满了尊重，谦虚地跟主考官交流，这就是他成功的原因。其他人霎时间似乎明白了什么。这次班会，我通过具体的实例模仿，让学生明白了尊重他人的重要性。上午没敲门的那个学生，默默地低下了头。

教育的本质是什么？在细微处发现，于无声处影响，简单地处理问题反而更能达到一种意想不到的效果。

教育感悟

我一直在想：课堂上学生出现注意力不集中的问题该怎么办？其实不管什么课堂，都应该研究并且解决这个问题。课堂上学生精力不集中，任课教师当然要承担一定责任，为什么自己的课"抓"不住学生？专家多次建议我们要开放课堂，把课堂真正还给学生，目的是为了调动学生学习的兴趣，让他们少流失一些精力。因此，如何打造有效课堂成了我们要攻克的难关。一位教育家说过："注意力是我们唯一的门户，意识中的一切必须经过它才能进来。"因此，在教学中我们应该采取多种方法来培养他们的注意力，努力提高课堂教学效果，增加课堂的吸引力，减少学生注意力不集中情况的发生。教师善于运用教育机智，灵活运用恰当的方法，不仅仅让学生们一时受益，更让他们终生受益。

辽宁省营口市第一中学沿海分校　孙锦忠

对症下药，幽默化解
——应对课堂中学生互动消极

我们都会有这样的经历，半路接班或者异地授课有些学生配合不积极，影响课堂效果。这些学生或者是水平有限，配合费力；或者是应付了事，得过且过；更有甚者，用不友好的语气挑战师者的权威。

遇到这种情况，教师要冷静思考，沉着应对，迅速分清楚状况，将问题扼杀在原发状态。对症下药辅以幽默化解，不失为很好的方法。

情景回顾

初入一中第一节语文课（2008年4月1日上午）。

课前，我精心准备了开场白，准备亮个不错的相，因为"首因效应"很重要嘛！可是真的走进教室，还没等我说几句，教室最后排的一个男生来了一句："你是侵略者，是你撵走了张老师！"同学们笑了，我愣了，我以为他们只是在心里说说，谁承想，其他同学也放下了手里的语文书，好吧，说破无毒，兵来将挡、水来土掩。

管理过程

这个情景已经严重影响了课堂秩序，破坏了该有的友好氛围，这个不怀好意的男生已经成功地吸引了所有同学的注意力，孩子们像看戏一样瞅着我们两个。他们是要看新来的老师如何接招，如何跟这个挑衅者"智斗"，还是要跟着这小子"起义"呢？我思忖着，绝对不会有人为我伸张正义。

我的思维迅速飞转，这是我第二次走进七年级九班的教室，第一次是以听课者的身份，张老师当时讲的是都德的《最后一课》，因为事先知道我将要接这个班的语文（张老师要去支教，我才由原单位调入一中接替她的工作），我便很认真地倾听、观察。孩子们似乎听得很懂，不是韩麦尔先生想走，是被侵略者撵走的……

想到这，我故意盯着他发问："我像侵略者吗？有我这么温柔可亲的侵略者吗？"同学们笑了，他无言了。

"小伙子，为什么这么说呢？"我继续追问。

"不知道。"

"我像吗？"我紧追不舍。

"他们说你不像。"他的头更低了……

接下来我更加镇定，从他们与张老师的感情谈开去，并且说我坚信凭我的能力也会做得和张老师一样好。然后我给他们讲语文是什么、怎么学好它，给他们明确今后的学习方向。更重要的是，我还送了他们一个内装三件礼物的"大礼包"：（1）一首小诗表心情（《认识你真好》，改编自汪国真的诗）；（2）两句话儿诉真情（阳光般的笑脸，海洋般的胸怀；没有比脚更长的路，没有比人更高的山）；（3）串串数字寄深情（1949、10、1，2008、8、8，2008、4、1）。

孩子们听说有大礼包先是惊呼，继而有点失望，但当听我朗诵完毕后便报以热烈掌声。我顺势解释那两组名言：微笑着唱生活的歌谣，宽容地面对人生，只要有毅力在，哪怕是巍巍昆仑也会踩在脚下，即使二万五千里的征程，也会甩在身后。那串数字让他们没了方寸，竟然少有人知道新中国建国的日子，奥运会的时间倒是知道的，等他们发现最后的数字就是当日时，我说道："逝去的已经远去，明天的还未可知，只有当下……"我又给了他们一个定位：活在当下，活好今天。就这样，我以幽默风趣的语言、不失风度的对话终于赢得了这个班级学生的心。

下课了，那个视我为"侵略者"的小伙子还给了我他的QQ号，要和我做好朋友。第二天，班主任刘老师说孩子们对我99.99%的满意。我心里的一块石头落了地，窃喜"看来我不是盲目的自信"。后来那个学生给我留言："老师，你能原谅我吗？你不但不是侵略者，还是我们的增援部队，是你让我爱上了语文，改变了自己，我错了！"多么淳朴的孩子，多么纯真的感情，多么质朴的话语，多么高端的评价——"增援部队"！

❯❯ 技巧提炼

在本案例中，该生本来对语文就不感兴趣，对原语文老师也没有多少深情，但是他还是要借着这个机会发难新教师，企图用这个恶作剧式的下马威刷存在感。所以教者要借题发挥，对症下药。这就像是疾病的原发期，控制好了，不会扩散，如果任其肆虐，转移到其他方位就麻烦了。案例中，我用语文特有的诗意语言这剂良药，利于病且不苦口，既"治了个人的病"，又收了众人的心，收到良好效果。

❯❯ 迁移运用

真心真意真关注，睿智化得顽石开

去山村送教《我爱这土地》，在诗歌朗读环节，我发现有个学生不动笔墨不读书，连纸笔也没有。问他原因，他竟振振有词地说，书丢了笔没带。

一看便知是个刺头，但是我必须管，因为我是他的老师，虽然只是一节课的老师。于是我从包里拿出了一支笔，把我正用的语文书送给他，俯耳道："笔是送你的，书是借给你的，你现在就读吧！"最后排坐的是他们学校的老师，我看到老师们对我的眼神，有赞许和肯定。

诗歌赏析环节，他不举手，但看得出来，有所触动。而我有意识地用眼神给他鼓励。诗歌创作环节，我巡视到他身边，用手扶着他的后背悄悄地问他为什么不写呢，他说不会写。"不会写也得写，况且你现在手中拿的是我的笔呀，你用我的笔写你的心！"谁知这个孩子竟然说："好吧，老师那我不借你的笔了，你把笔拿回去吧！"我狡黠地一笑说："小伙子这不行，既然接受了我的笔就得写下去，哪怕写得不好。其实很简单，你可以把自己想象成一只鸟，还可以想象成别的事物。如果你愿意是一只鸟，那你是什么样的鸟？你是怎么歌唱的？你是怎么飞翔的？把你的心情写出来即可。"

在汇报环节，他终于怯生生地举了手。

教育感悟

每上一节课都是一次提升，每一个学生都是一个独特的个体。接新班的第一节课怎么上，外出上课该怎么面对消极配合的学生，这就考验教师的素养、人格魅力、教育机智和幽默感了。不管遭遇何等"顽疾"，教者都要准确诊断，对症下药，微笑面诊，动之以情，妙手回春。请记住，无私的爱是这剂良药的主要配方！

辽宁省营口市盖州第一初级中学　迟金凤

激发自尊，诗意唤醒

——应对课堂中学生语言不文明

　　课堂教学是学生、教师之间对话的过程。当师生对话过程中遭遇个别学生不文明的语言，教师如果失去冷静，搁下其他学生，上纲上线，容易酿成师生冲突，招致孩子心怀怨恨，甚至产生报复心理，课堂教学就会变得很失败。

　　孩子的良好德行是从内心深处孕育出来的，不能仅仅依靠处罚来解决问题，尤其在当下教育环境下，处罚不当易引发不必要的争端。当出现课堂危机时，驾驭课堂最理想的方法就是使用简明扼要的诗意语言激发孩子的自尊，代替责罚，达到化育的效果。

❯❯ 情景回顾

　　那天，诗词选修课，讲周邦彦的《苏幕遮》。

　　我带领学生们想象浩如烟海的有关荷花的诗词："出淤泥而不染，濯清涟而不妖""小荷才露尖尖角，早有蜻蜓立上头"……

　　那词人的故乡有什么？（激发想象，引入诗歌意象。）

　　有"凶器"，一声刺耳带点下流的声音从左边传来，空气凝固了几秒，紧接着全班哄堂大笑，我意会了他的故意，"凶器"与"胸器"谐音。但我没有理他。

我朗读完后，学生们热烈鼓掌，我禁不住有点害羞，说："我还没有完全放开，有点不好意思。"他又接过我的话，说道："老师，男人为你轻狂，女人为你颠倒！"又是一阵起哄的掌声。

他，平日就嚣张跋扈，口中多是些低俗的语言，什么哥寂寞、伪娘、欲火焚身、肆无忌惮。上次还和地理老师在课堂上动手，多次请家长来学校，家长放弃，班主任也无奈，现在越发目中无人。我意识到他就是要激怒我，等着看笑话。

管理过程

他低俗的语言成功吸引了全班同学的关注。

我若选择忽视，不仅"放纵"了他的恶意，也破坏了良好的课堂氛围。

当他第一次开"黄腔"，我没有理他，微笑追问其他同学："说起西湖，你想起什么呢？"孩子们的回答有断桥、白蛇、苏堤。我再进一步追问，西湖水中长着啥？荷花。我笑了，孩子们也欢快地笑了。

《苏幕遮》是咏荷的佳作，清新美丽。在一片莲花深处，回荡着漂泊在外词人的深沉乡思。为了拉回学生的注意力，进入词的意境，我缓慢深情地说道："词人在一个夏日的清晨观察十里荷花，昨日一场大雨，残留在荷叶上的露珠，一颗颗，像晶莹剔透的珍珠，被宛如玉盘的荷叶托着，在明丽的阳光下，慢慢被蒸发。这是个细致的慢镜头。这个时候词人心情也由烦闷转为明快了，视线也开阔了。由一叶看到一片荷塘，再看到一个世界，再梦回家乡。"

学生们说，如梦如幻啊！

当他第二次挑衅时，我强忍心中厌恶，真诚地说了这么一段旁白："让老师为之轻狂颠倒的是美，我忽然想起张岱的《湖心亭看雪》，他说：'雾淞沆砀，天与云与山与水，上下一白。'三百年前张岱在西湖看到的一天的'白'是怎样的一种风景？雾、雪、水，天际弥漫的一片白，一直让老师久久沉溺，不可自拔，是不是经历了繁华奢靡才能见眼前一片空白？"学生听得如痴如醉，自然没有人再去理会他的干扰。

全班整体诵读完毕，我让学生谈谈整体阅读诗词的感受。他蠢蠢欲动，我顺势点了他，全班立马安静了下来，听他说，他前言不搭后语，羞愧地摸着后脑袋不说了，全班也笑了。这个笑是一种威慑，一种浩然正气，也是一种善意的提醒和尊重。

我鼓励道："谢谢你的积极参与，美在心灵。"

我发现他眼光温和了。

技巧提炼

此案例我采用的方法是正面管教，用诗意力量激发孩子的自尊，在准确、生动、富有感染力的教学语言中，让师生与文本、知识与情感、个性与美德和谐地融合在一起，达到理性引导、诗意熏陶的教化作用，从而巧妙地化解了冲突，避免了说教和惩罚，高效率地处理了课堂危机，保护了课堂美好的境界，也使违纪的孩子能够从恐惧、反感转为信任。

迁移运用

敏感话题正面对，诗意引领美课堂

那天上午的第四节课，我讲到仿句专题，属于自由仿写，用"……不必……就好"的基本句子结构造句。

提问开始，有个学生说道："老婆不必千挑万选，温柔就好。"

叛逆调皮的学生，像是炸开了锅，哈哈笑着。

另一个学生借力说道："爱情不必朝夕相伴，思念就好。"

我轻描淡写地说道："人的内心世界在审美上是多么神奇。你看遥远的东西是美丽的，因为它为人们留下了想象的空间，如悠悠的远山、如沉沉的夜空、如月光下的凤尾竹、如灯影下的美人。所以说，很多事情，不完美是完美，你见，或者不见，我都在那里。比如爱情，是神圣的、纯洁的，有时候不需要山盟海誓的承诺，但它一定需要细致入微的关怀与问候；爱，有时候不需要梁祝化蝶的悲壮，但它一定需要心有灵犀的默契与投合；爱，有时候不要雄飞雌从的追随，但它一定需要相濡以沫的支持与理解。"

学生们都正襟危坐，津津有味地听着，一根针掉到地上，都能听到声音。

教育感悟

学生还是孩子，需要引导，他们也是希望得到老师的欣赏的。最理性的做法是不让学生控制或决定自己的心情，不能让学生限制自己处理问题的方式。为人师表者应该以身作则地做好榜样，高效率关注整体学生，严格自律，保持良好的风度，急中生智，处理好问题。

这就要求老师一定要在问题面前，保持冷静的心态，管理好自己的情绪，千万不要冲动，谨言慎行。最好的方法就是正面管教，用切合文本的诗意语言，轻松化解，淡定自如。

海南省东方市铁路中学　吴小清

尊重理解，循循善诱
——应对课堂中学生无心听讲

　　课堂上，有的孩子多动，时常搞一些小动作；有的孩子偶尔被同学"打搅"，忍不住"回击"一下；但也有一些孩子确实是事出有因，才无心听讲。无论遇到哪种情况，老师都要辨明原委，及时调控和引导，不要简单定性，一概而论。对于不同的学生不同的表现一定要辨明原因，对症下药，巧妙化解。

情景回顾

　　语文课上，江涛偷偷地玩起了手机。我有些恼火，但转念一想：他并不是一个一无是处的顽劣学生，他的学习成绩虽然不好，但品行并不坏，为什么他在课堂上会有这样的表现呢？

管理过程

　　我悄悄地走到他面前，摸一下他的头暗示他这样做不对，但过了一会儿，他又偷偷地摆弄起手机。见状，我便从他身后慢慢走过去，在他的桌前轻轻敲击了几下给他警示。他坐好了几分钟后，又故伎重演，这一次，我仍然隐忍着不满，抛了一个问题给他，以让他引起注意。又过了几分钟，他居然又偷玩手机！我真想揪住他的耳朵用书本在他的脖子上拍两下，更想一把从他手里夺过手机狠狠地摔在地上。但是我没有这样做，我交代了一个学习任务给他，让他把注意力转移到学习上。快下课了，我幽默地和他开起了玩笑："江涛，够先进的呀，我们还在啃纸质课本，你都用上电子书啦！"听完我这句话，江涛的脸上写满了无奈和沮丧。

下课后，我把他带到办公室，和他如朋友般进行了交流。我这才得知他玩手机是因为爷爷病危了，在北京工作的姐姐正在和他短信联系，他准备回家看望病重的爷爷。我非常庆幸自己上课时没有对他大发雷霆，讥言相讽，我柔声地安慰道："原来是这样啊！好了孩子，你不必难过，老师现在就帮你开假条。"说着，我将笔一挥，刷刷地写好了几行文字。"赶快回家吧，路上注意安全，到家后别忘了给老师发个信息。"

得到了我的理解，江涛脸上的愁云淡去了，他的眼睛里溢满了对我的爱戴和感激。他用力地点了点头："谢谢老师，老师再见！"

技巧提炼

在本案例中，该生并非恶意而为，而是因为家里有事才无心听课，我先耐心地用不同方式反复提醒学生注意，用幽默又不伤害学生自尊的语句提醒学生，最后问明原因，语重心长地安慰学生，让学生感受到老师的尊重和爱。因此，与学生沟通也是需要有技巧的，那就是：尽量不在众人面前与之沟通，避免学生产生反感的情绪。另外也不要在学生情绪激动的时候与学生沟通，沟通也不要急于定调子，要点到为止。总之，教育学生要发乎情，止乎礼。

迁移运用

你暗暗写纸条，我明明赠你诗

讲吴均的《与朱元思书》，在简介作者的时候，我读错了一个音节：

"吴均，字叔庠（yáng）。"当我意识到自己读错了的时候，马上纠正："噢，这个字读xiáng，不读yáng，刚刚老师不小心读错了。"在一片祥和中，课堂继续进行——同学们朗声齐读，热烈讨论，积极参与，认真思考，各抒己见。

就在课堂进行到最高潮时，教室的墙角传来一阵阵莫名其妙的笑声。同学们也被这笑声打断，不禁频频回头。循声望去，我发现是班上的"淘气包"玉龙与他的同桌——"幽默大王"尹鹏鹏正在"嗤嗤"笑着，手中还摆弄着什么东西，根本没集中精力听课。我放下手中的课本，做邀请的姿势，说道："亲爱的玉龙，能和我们分享一下你们的笑料吗？让我们也笑一笑。"这小子毫无严肃之情，还"嗤嗤"笑个不停："老师，您看——我同桌尹鹏鹏画的，我实在没忍住，就笑了。"我接过玉龙递给我的纸条，上面是一幅漫画，还配有几行文字：漫画内容是我正在讲课，而且是姿态婀娜状，文字是"噢，这个字读xiáng，不读yáng，刚刚俺读错了捏。"纸条上还画了几个水泡和几个怪怪的表情包。

我笑笑，说道："画得不错嘛，惟妙惟肖的。下次学校书画比赛，鹏鹏把这幅作品增大尺幅交上去吧，一准儿获奖哦！"我走上讲台，随即写下几行文字：

"庠"思录

吴均其字本叔庠（xiáng），
师父今日误读庠（yáng）。
思来想去真失误，
看似娴熟却彷徨。
先生本也富才情，
却引书生欲笑狂。
有字不详先问典，
希望吾徒记心上。

我说道："鹏鹏，刚刚你送我一幅漫画，现在老师就赠你这首打油诗吧，让我们共勉，怎么样？"孩子们见状，鼓起掌来，玉龙和鹏鹏也鼓起掌来，他们的脸上露出惭愧的笑容。我们继续上课，继续我们愉快的语文之旅。玉龙和尹鹏鹏也表现出前所未有的学习热情。

教育感悟

高尔基曾说："谁能打开学生的心扉，走进学生的心灵，谁就能赢得学生。"聪明的老师一定要善于把握孩子心理的细微变化和感情轨迹，一定要懂得适时、适当地触动孩子的心灵；一定要懂得自然合理地给予孩子鼓励和期待，让他切实感受到老师对他的信任和期望；一定要巧妙地用自己手中的那把叫作尊重的"钥匙"打开孩子的心灵之锁，并在孩子的心田播下一枚尊重的种子。课堂教学工作是一门艺术，教师是课堂的组织者、指导者，其工作的对象是人，是有思想、有情感、有个性的人，教师在对学生进行教育时，一定要选择最佳方法。这样，才能够取信于学生，得到正面的响应，有效地促进师生间的沟通。

河北省高碑店市第二中学　张利军

调节情绪，激发热情

——应对课堂中学生昏昏欲睡

语文课上经常会有学生学习情绪不高、昏昏欲睡、课堂十分沉闷的情况。这种情况的出现既有客观原因，又有主观原因，多出现在早晨第一节和午后第一节。学生晚上睡眠不好身体疲乏，部分学生语文学习兴趣不浓，参与度不高，主动性不强，再加上有的学生阅读能力较差，语文基础薄弱，自信心缺乏，没有表达的机会，只能做一个无聊的旁听者。正是由于以上种种原因，学生有点困意便会睡去。

对于这种情况，老师要有预见，要作好各种准备，设计好各种活动，让这些孩子动起来，参与进去，让其情绪渐浓，热情渐高，慢慢喜欢上语文课。

情景回顾

午后第一节课。

分析课文时，学生不主动回答问题，点名提问时回答的效果也不好，集体性应和更是没有。随着时间的推移，渐渐有学生出现困意，有的还能坚持原有的坐姿，但眼神已经迷离，头脑已经昏昏；有的则不能自控，趴在桌面上进入梦乡。

此种情况多出现在入学后一两个月，学生对学校情况熟悉了，对老师特点也了解清楚了，新鲜感减退，自我约束能力又不足，加上疲乏，就会让课堂陷入沉闷。遇到此种情况，老师很是尴尬：如果继续讲下去，那就成了"独乐乐"，不仅没有效果，还要承受着似乎不被买账的巨大心灵打击；如果不讲，又会耽误课时。如此种情况不能及时解决，学生将养成不良习惯，伴随三年，不仅让老师痛苦，也让学生损失很多，语文的学习会大打折扣。作为教师要预见问题，掌握学生情况，未雨绸缪，及时设计布局，既考虑面向全班，又要针对个别学生。

以学生为本，关注学生的创造力，学会在每堂课上放出一条鲶鱼，让其激发所有沙丁鱼的活力。经过对学生短暂而迅速的了解，我在早第一节和午后第一节的文科班课上设置了课前演讲环节。演讲的时间为5~10分钟，特殊情况可以更长一些；提前一周选定演讲的学生并在班级公示，根据我对学生的了解，与学生进行沟通，让学生进行一个有机的搭配，性格开朗与内向的相结合，语文兴趣高的与兴趣低的相结合，知识丰富的与知识薄弱的相结合，并加大上课易困同学的演讲频率；对于演讲内容，不做严格要求，但我要求学生事先写稿，我对稿件进行指导和把关；演讲后有老师点评和学生点评环节，点评环节特别关注平时不爱发言的学生。

在做好了所有的准备后，每一次的演讲都收到了良好的效果。学生们讲天文、地理、政治、文化、历史、经济、旅游、时尚、动漫、时事、科学、婚姻、教育、人物、心理学、娱乐、战争、法律……学生们很自豪地说，在语文课上我们的思想和精神是最自由的，没有我们不敢讲的。记得有个叫丁瑞的女生，在那天的语文课上，讲的是《跟我游泰国》，她把自己扮成一个泰国当地导游，故意操着一口蹩脚的中国话，讲泰国的习俗、文化、人妖、风景。夸张的口音以及一些导游习惯用语的出现，逗得同学们频频发笑，使其在欢笑中收获了知识。接下来的点评环节学生们也积极参与，整堂语文课竟无半点沉闷，学生状态极佳。记得小杜同学讲"娱乐脑残粉"时，全班同学都抢着发言点评，分析得头头是道，竟无停歇之意，以至于评到了下课。五分钟的演讲激活了四十分钟的课堂，一个人的出现感染了整个班级，鲶鱼效应明显。

就其收获来说，可谓一举多得。演讲的学生，提高了写作能力，锻炼了表达能力，提升了自信；听讲的学生，多角度获取了知识，认识到了自己的不足，并增长了比超的心理；对于整个课堂而言，开始时就气氛活跃，老师再作巧妙点评，合理引导到正课之上，课堂效率明显提高。这个活动我和孩子们从高一坚持到高三上学期结束，可以说，激发了孩子们的热情，提高了学生课堂的参与度，也大大丰富了课堂知识含量。

技巧提炼

本案例中，出现课堂沉闷现象有其多方面因素，教师要究其根源，抓主要矛盾，针对关键处予以调控。调动情绪，激发热情，关键是要给学生找任务，让学生参与到教学活动之中，以生为本，变被动学习为主动学习。

迁移运用

跃跃欲试，排演课本剧

虽然课前演讲达到了一定的效果，课堂的沉闷气氛消失了，但激发学生学习语文的热情还需在形式和内容上进一步丰富。借着某次课堂上跟学生谈话之机，我了解到他们有强烈的表现和表演欲望，于是一个大胆的想法产生了——表演课本剧，让每个学生都有参演的机会。

要想把事情做好，必须有精心的策划。首先从《烛之武退秦师》开始，这篇文章人物少，情节比较简单，对话不多，人物形象相对好把握，可以作为练手之用。编剧和导演都在学生中自愿产生，演员也是学生自己挑选，一切都是以学生为主，我只是作指导。经过两周的排练，学生们又租来了古装衣服，第一部课本剧就在班级语文课上上演了，学生们表演得十分到位，收到了极好的效果。课后有学生主动来找我，很想写《荆轲刺秦王》的剧本，并愿意担任导演。作为老师，我自然十分高兴，欣然同意，并对分幕及一些细节给予了详细指导。经过了更长一段时间的准备，这部人物丰富、对话繁多、情节波澜的课本剧也上演了，同样收到了满意的效果。后来我又利用合适时机安排学生演了几部，都达到了目的，令人满意。

语文课堂形式丰富起来，课堂气氛高涨起来，从此不再沉闷。

教育感悟

关注学生状态，把学生当学习的主体，激发学生内在潜力，让学生主动参与到学习中，是新时代教学的必然要求。作为教师要紧跟时代步伐，适应新的改革需要，不断调整自己的教学策略，改变一成不变的教法，丰富课堂形式，充分掌握学生特点，给学生以任务，给学生以空间，不断引导，激发学生的兴趣，提高学生的能力，最终解放教师自己。

黑龙江省哈尔滨市第一中学　曲福利

第四章
学生心理问题之管理技巧

- 委之以诚，自信倍增
- 以读促教，育人有声
- 赏识优点，绽放笑容
- 寻根激趣，静候花开
- 团队研修，合力引领
- 多予鼓励，点燃激情
- 爱心耐心，引领回归
- 引入情境，春风化雨
- 思维导图，助力记忆
- 平等沟通，巧解心锁

委之以诚，自信倍增

——应对课堂中缺乏自信的学生

十六七岁的孩子，大多数是热爱学习的，当然也不排除个别学生迫于家长、老师的压力而被动学习。对这部分学生来说，没有内动力是无法真正学习好的。没有内动力，没有兴趣地学习，只能让学生觉得学习是一件很痛苦、很劳累的事。究其原因，无非是学得困难，缺少自豪感，渐渐地失去了自信，感到自卑罢了。那么，如何激发学生的内动力呢？

情景回顾

刚刚接手新班，课上我特别用心观察学生上课的状态。小A听一会儿课就有些坐不住，东张西望，和旁边的同学"眉来眼去"。课下我找到他，和他谈起来。"你喜欢学习语文吗？"我试探着问。"还行！"他不冷不热地说。"你对自己学好语文有信心吗？"我本想鼓励他，他却说："没信心！我基础不好！"那就换个话题："你喜欢读书吗？""只爱看小说。"他说了一些小说的书名。我一听，很兴奋地说："爱看书的孩子语文都能学好！对自己一定要有信心！"

我知道，教师空洞的鼓励很难让他产生自信，自信来源于实力。我如何让他认识到"我能行"呢？

第二天语文课上，我特别关注小A，有意叫他回答问题，他竟然把"袅娜"读成了"niǎo nà"。同学们笑成了一团。随即的默写他把"砯崖转石万壑雷"的"砯"的那一点点到了右边。同学们又是爆笑。看到这种情况，我有些担心，小A原本就没有多少的自信心容易被同学们的嘲笑声击得粉碎。我示意同学们安静。我讲到，中国汉字是音形意结合的文字，由义可知音，由义可辨形。比如，"娜"在人名中读"nà"，在其他组词中读"nuó"。"砯崖转石万壑雷"的"砯"是指水石相撞发出的声响。大家想，水石相撞的地方是不是就会溅起水花？所以在"水"和"石"中间加上一点。

同学们听得津津有味，小A也听得饶有兴致。我趁机说："研究汉字是不是很有意思？小A，以后你准备一本字典，我和同学们不认识的字你就负责查出来，告诉大家字音字义，怎么样？"小A看我在班级同学面前问他，有些不情愿地拖着长音说："好——吧！"下课我趁热打铁："小A，别忘了查生字!我们就指望你了！"听我这么说，他的眼睛明亮了许多，似乎因被期待生发出无穷的信心。

又是一节语文课。出现了生僻的字，我故意说："这个字老师没查呀！"大家不约而同地转向小A，喊着小A的名字。我看到他信心满满地站起来，声音不大但很清晰地读出，并加以解释。同学们拿起笔刷刷地写着。小A看到同学们都在记着他给出的答案，很是得意。有些同学还故意装作不认识某个字，问小A，他都准确答出来了。同学们给予他热烈的掌声。

从那以后只要在语文课上有了不认识的字，我们都问小A，小A总能准确地说出来。我适时地在班级表扬他。"我们应该感谢小A，因为他勤查字典，我们班级读错字的现象都减少了。在他的带领下有同学也在主动查字典了。希望小A能坚持下去。"这时我看到小A脸上洋溢着那难以掩饰的幸福和自信。

从此小A成了我和同学们心中的"活字典"。就这样，小A因为自己的努力得到老师同学们的认可而变得越来越自信，对语文学习也越来越主动，成绩也有了明显的提高。

技巧提炼

对小A这样缺少自信的学生，我抓住时机，与他交流，了解他语文学习的情况，给他布置通过努力能够完成的任务，并让他将自己的劳动成果与同学们分享，在此过程中他会生出成就感，找到存在感。我还要阶段性地在班级同学面前表扬肯定他，鼓励他，让他能够将任务持续做下去。很多时候，能够运用自己的能力承担必要责任的人相对更加自信。

迁移运用

借与长风自奋飞

小C是温婉的女孩，清秀的脸庞，高挑的个儿，袅袅婷婷。她的文章就如她的人，细腻而清丽。这么一个有才气的女孩，我还是在上了一个月的课后，从她的文章中认识了她。之后我时常留意她，希望在课堂的回答中有她的身影。可是我几次引导，她就是不主动站起来回答问题。

私下和她聊，她说自己在众人面前说话紧张。我知道这是她缺少自信的缘故。一个再有才气的人如果没有自信，没有强大的精神世界，就不会展现自我，也容易被埋没。于是，在课堂上我有意提问她，她回答问题声音低微，说话不够连贯。

我们学校开设了经典阅读课——《论语》。我课下找到小C，和她聊孔子，和她聊《论语》。听她说得绘声绘色，我就生出了这样的想法：让小C给大家讲孔子。我把我的想法说给小C，她一听就直摇头，我鼓励她说："你将自己的所知与大家分享，一来为同学们服了务，二来锻炼自己的演讲能力与胆量，一举两得，多好呀！"她迟疑了一会儿说："那我试试吧！"我开心地说："太好了！老师看好你，你一定行！加油！"

小C准备了两天。在阅读课上，我对同学们说："孔子是我们中华民族伟大的教育家、思想家，他的思想言行一直影响着后人，我们班级有位同学对孔子很有研究，她就是小C，下面就让我们跟随她一同走近孔子。"小C在同学们的掌声中羞涩地走上了讲台，开始了她的讲解。起初她还有些紧张，声音小，但看着同学们那么认真地听，我拿来录像机为她录像，教室里还不时响起热烈的掌声，她渐渐放松了，越讲越流利。最后讲到孔子风烛残年，在门口盼望着子贡的到来时，我和一些同学已潸然落泪。

我还将课前文化常识的抄写讲解任务分配给她，她完成得很漂亮，赢得了同学们的认可。从此课堂上常有她的声音，讲台上常有她的身影。小C已经由一个内向自卑的女孩蜕变为自信、活泼的女生了。

⌄⌄ 教育感悟

我一直认为，教师努力地教不如学生主动地学。这么说并不是否定教师的作用，而是说，学生能主动地学，我们教师的教才会事半功倍。自信是学习的动力，自卑是学习的阻力。多数学生是因为自卑才学习不好。帮助学生找到自信的原动力，是我们教师不可推卸的责任。教师要根据缺乏自信的同学的特点委以重任，让他通过努力完成任务，并分享给同学们，他会在分享中找到价值感、成就感，渐渐地便会重拾自信。

黑龙江省佳木斯市第一中学　陈春霞

以读促教，育人有声
——应对课堂中自我放弃的学生

在电子阅读盛行的今天，孩子们对纸质读物的热爱会有多少？走进早读教室，你会发现一个班大声朗读的学生很少，大部分的学生尤其是初中生都是默读，整个教室死气沉沉。而且，你会发现不喜欢大声朗读的学生多是缺乏自信、口语表达欠佳的学生。面对这样的学生，整堂语文课教师就会非常被动，课堂气氛就会比较沉闷。

叶圣陶先生曾经说过："吟咏的时候，对于探究所得的不仅理智地理解，而且亲切地体会，不知不觉之间，内容与理法化而为读者自己的东西了，这是最可贵的一种境界。"因此，语文教师在课堂上很重要的一个职责就是让学生自信地面对课文，教会学生大声朗读。

∨ 情景回顾

早读下课，刚走出教室，我们班的杨同学就给我打报告："老师，你能不能把李琦换个位子？我们读书的时候，她老是在后面傻笑，笑得人毛骨悚然的。"我一听心里"咯噔"一下，但表面上我只说知道了。

这个名叫李琦的孩子有轻度的抑郁，她自己也承认总是想自己为什么活着，常常觉得自己没有用。而我跟她的爸爸妈妈沟通之后也了解到他们对于这个女儿的成绩是不抱什么奢望的。

但我渐渐地发现这个孩子似乎对文学还有点兴趣，也挺有想法的，只是有时情绪比较激动、表达有些混乱，有几次因为回答太激动招来了同学们的哄笑，从此她就很少举手回答问题了。

管理过程

有一次她拿着《诗经》来和我讨论，我觉得我应该帮她找回点自信。于是以后的课上，只要能与她的眼睛对视，我就会有意地向她提问，并且给她以高度的评价。

有一次在全市的教学观摩课上，我带孩子们一起学了文章《心声》，文中说一个从农村来的内心孤独的小男孩李京京，渴望别人的理解，最后却躲进小树林里吐露他的心声。那天的课上，我通过让学生朗读揣摩李京京的心理活动来把握文章的中心。其中有一个描写女同学嘲笑李京京的片段，我问："有谁愿意来读一读？"没想到李琦举手了，她站了起来，声情并茂地捏着嗓子读了起来："得了吧，老师不让你读，你就说人家不对。你在妒忌。"李琦惟妙惟肖的朗读赢得了在座老师和同学们的掌声，我微笑着示意她坐下。那天我记得李琦在课的最后这样说：我们每个人都应该学会独自长大。

从此在我的课上，又能经常看见她高高举起的手，我想至少在我的课堂上她找回了自信。

技巧提炼

在本案例中，我将课文朗读视为提高学生自信的有效手段，将有声的文学转化成感人的力量，达到育人的效果。语文教师应该重视朗读对学生自信力培养、情感情操塑造的作用。而且，当整个班级阅读的氛围形成时，个体的教化就变得省时省力了。

朗读的力量，助力丑小鸭蜕变

前几次的考试中我自己带的这个班都是倒数第一，孩子们渐渐察觉到老师们对他们的态度，渐渐地连班干也开始爆出消极的言语："我们班肯定不行。""我们班很差。"……孩子们对参与学校的各项评比也不再抱有信心，甚至接受"我们班就是体育强，其他的一概不行"的言论。

平时和科任老师交流的时候，也很少听到正面的评价，听到更多的是作业交不齐、作业质量差、懒人多等等负面的反馈。我也开始在心里认同我这个班就是比平行的几个班要差。我感到无力，难道这个班就没得救了？

班主任是一个班级的灵魂人物，班主任的精神情绪直接影响着班级里的每一个学生，所以，我告诉自己：即使没有一个老师说我们班好，我作为班主任也不能在学生面前说丧气的话。作为语文老师，我能用什么样的方法呢？第二天正好要上安徒生的经典童话《丑小鸭》，虽然学生们对这篇童话早已不陌生，但我想借这篇文章让他们重新认识自己。

我对他们说："下一节课我要每个人都参与到课文的演读中来。"马上就有人举手问道："老师，您确定是每一个人吗？""是的，而且是演读。"看到我郑重地点头，底下一片哗然。

第二天的早读课，老远就听见教室里人声鼎沸，这和过去的死气沉沉完全不同，走进教室就看见孩子们三五成群地热烈地讨论语气和语调，有的自由组合，有的被能干的同学说服加入小组，连平时最不愿意张嘴的俞斌也在试图跟上整个组的节奏。那天，我没上课，却花了整整一堂课让学生们去读，课上学生的表现让我惊艳，大部分都达到了流利，有的甚至加上了舞台式的肢体语言。那一刻，我好像重新认识了这个班的孩子，我看着他们两眼放光，脸涨得通红，我才明白：朗读和其他艺术一样，它可以用来表达自己，是我一直没有给孩子们机会。

那天的日记里，他们当中的很多人都表达了自己对这堂课甚至是丑小鸭的看法。陈思瀚写道："我们每个人的心里都可能存在着一只丑小鸭，有的人让这只丑小鸭长大了，变成白天鹅了；而有的人心中的丑小鸭却一辈子不要长大。亲爱的同学们，问问你们，自己要做哪一种？"王欣怡说："我觉得咱们这个班就像是那只丑小鸭，不过它没有停下成长的脚步，它一直在向美丽的白天鹅这个目标在前进，老师，你看得见吗？你愿意相信我们会像安徒生笔下的丑小鸭一样变得越来越美丽吗？"

我觉得文字和朗读在孩子们身上有了收获，我不用再多说一个字，孩子们开始在课本的阅读中找到自信的力量了。

❯❯ 教育感悟

每当我面对学生问题时，我总是想起董一菲老师与我们分享的育儿故事，她说她是一位语文老师，当她担心不能帮儿子打好数学基础时，她想到用语文的方法，也唯有用语文的方法来引导儿子。所以在教育班级里的每一个孩子时，我总是用我的课堂、我爱读的那些书、我喜欢的那些作家来帮助孩子。过去我曾经以为语文比不上那些数理化实用，后来我慢慢发现语文是天底下最美最有用的学科，也是最容易触及人灵魂和思想的学科。

安徽省宁国市宁阳学校　凤华

赏识优点，绽放笑容
——应对课堂中自卑的学生

无论是安静倾听的语文课堂，还是热闹非凡的语文课堂，我的目光总会无意间扫到某张或某几张稚嫩的情绪低落的脸庞，那逃避的充满胆怯的眼神、那微微低下的不敢抬起的头，都会让我内心酸楚、阵痛，花儿一样的年纪却有着一颗自卑灰暗的心！作为一名语文教师，我深知语文教育的一个重要任务就是培养学生健全的心理人格，帮助学生形成正确的价值观、建立积极的人生态度。而作为一个母亲，我更不想任何一个孩子因自卑心理而影响整个人生。所以，我要想办法，帮助那些胆怯自卑的学生，让他们走出阴霾，绽放笑容！

情景回顾

学期初，在讲授苏轼的《定风波》时，我提问："词中'谁怕，一蓑烟雨任平生'表现了作者怎样的人生态度？"由于刚刚接手这个班，对班级的同学还不是很熟悉，提问就变成了我认识学生的一种很好的方式。"李明阳。"我话音刚落，班内就传出了唏嘘声。我随着大家目光的指引，看到了最后一排中一名身体娇小的女生，只见她缓缓站起，脸颊通红，微低着头，紧闭双唇。我走近她，重复了一遍问题，她仍低头无语，并不断地抠着手指，鼻尖渗出一层细密的水珠。此时，有同学不耐烦地说："老师，提问别人吧！她是我班倒数第一，啥也不会！"伴随着偶尔的窃笑声，我轻声说："别紧张，想到多少就说多少。"也许是迫于我的压力，她偷偷地看了我一眼，低声说："是，我，什么都不会。"那一瞬间，我看到她的眼中充满了胆怯、惶恐，眼神急于躲藏。我心好疼：能承认自己什么都不会，对自己全然否定，该是一种怎样的自卑啊！如果让她就此坐下，那这次提问对她来说就是一次莫大的伤害，更会加重她的自卑心理，怎么办呢？

管理过程

我沉重叹息时无意间看到了她笔记上那娟秀的字，我拿起笔记展示给周围的同学们看，并问："同学们，李明阳的字写得怎么样？"同学们虽然觉得我的问题有点突然，但也纷纷站起来观看，回答说："很好，不错！"我紧接着说："我们可不可以用再具体一点的词来评价一下？""工整""隽秀""优美"……同学们纷纷点评。此时，李明阳同学缓缓地抬起头，眼中充满了惊讶。见她抬起头，我立刻问："学过书法吗？""学过。""学几年了？""三年。"她又偷偷地看了我一眼。我又问："在学习书法的过程中有没有遇到过困难、挫折？""有。""那你怕吗？"她轻轻地摇了摇头说："不怕。"我高兴地说："看你现在优美的字迹，相信你一定战胜了它们，是吗？"她含羞着点点头，眼中惊恐少了。我拍着她的肩膀问："我们可以把你学习书法中遇到的困难比作风雨吗？"她看了一眼大家说："当然可以。"我随后兴奋地问同学们："那也就可以说，李明阳同学不怕困难，无惧风雨，对吗？""对！"同学们响亮的声音似乎是一股无比巨大的力量，使她震惊，眼中多了些许惊喜。我趁热打铁问："苏轼说'谁怕，一蓑烟雨任平生'，你觉得他害怕风雨，害怕挫折吗？""不怕！"她肯定地回答。我迫不及待地又问："那么不怕风雨，无惧挫折是一种怎样的人生态度呢？"她看着我说："乐观吧！"听到她的回答，我抑制不住内心的喜悦："非常好！李明阳同学，现在请你完整地回答一下'谁怕，一蓑烟雨任平生'表现了词人什么样的人生态度。""不惧风雨、不怕挫折的乐观的人生态度。"声音不大，却坚定有力！不知是谁先鼓起了掌，在一片掌声中，我看见，她抬起了头，脸上漾出了羞涩又喜悦的笑！

❯❯ 技巧提炼

在本案例中，该生胆怯自卑，否定自己，缺失自信。我细心观察，从该生的优点入手，赏识评价，给予赞赏，帮助该生看到自己的闪光点，从而以积极的心态投入到课堂的学习中来。同学们对她的刮目相看，使她一点点重拾信心，慢慢走出自卑的沼泽，绽放自信的笑容。

❯❯ 迁移运用

细心观察，伺机而动

作为一名和同学们朝夕相处的老师，只要细心，总会发现那些自卑孩子的优点；只要留心，总能在语文课上展其优点，增其信心，使其绽放笑容。

班里有一名特别"文静"的男孩，说他"文静"完全是因为他的自卑。一个大男生，长得不小，声音特小，胆子特小，极不爱动，无论什么活动找到他，他都忸怩拒绝。我留意他好久了，发现他特别爱画画，而且善于画人物。

为了让学生更好地理解廉颇、蔺相如的人物形象，我打算让他们以短剧的形式重现"负荆请罪"这一情节。同学们都在热闹地推选演员、编剧，只有他低头沉浸在他的绘画中。见此情景，我主动提议，让他担任短剧的服装设计师。当大家用怀疑的眼光看着他时，他竟然出乎意料地羞怯地点了点头。又是一节精彩的语文课，精彩于同学们的表演，更精彩于那卡纸做的帽子、玻璃丝做的胡须、窗帘做的青衣、被单做的外褂。同学们对他的设计赞不绝口，他的眼中流露出那隐藏不住的喜悦。得体的服饰更能体现出人物的身份及性格。我知道，他一定是参透了人物。我随即问道："服装设计师认为廉颇、蔺相如分别是什么样的人呢？"他稍稍有点不太自然地站了起来，却非常肯定地答道："蔺相如是一个胸怀坦荡、宽厚待人、以大局为重的文臣，而廉颇是一个坦白直率、知错能改、热爱国家的武将。"出乎意料的回答赢得了同学们热烈的掌声，他的脸上出现了久违的笑容。

教育感悟

　　生活中无论是家庭原因，还是自身原因，都很容易使学生产生自卑心理。自卑心理是自我评价过低的一种消极心理状态，不及时调整改善，不仅会影响到学习生活，更会影响到人生的发展。梅花优于香，桃花优于色。每个孩子都有自己的优点，如果教师能在学习生活中细心地发现他们的优点，加以赏识，便能更好地帮助他们赢得别人的赞扬，学会正确地评价自我，从而建立自信，告别胆怯，摆脱自卑，微笑生活。我想，作为一名语文教师，不仅仅要传授知识，更要引导孩子们学会认识自己，学会怎样生活！

黑龙江省肇源县第三中学　刘艳萍

寻根激趣，静候花开

——应对课堂中厌学的学生

在我们的语文课堂上，经常会碰到这样一些情况：上课睡觉，无精打采，东张西望，作业不按时完成，等等。这些学生一般成绩比较差，表现出对学习的厌恶和反感，在班内造成极其不好的影响。

我们对这些学生要耐心细致，了解厌学的根源：是学习习惯不好，是自信心不足，还是受家庭的影响，或是有心理问题？我们要根据厌学原因，采取措施，激发他们的学习兴趣，提高他们的积极性，让他们爱上语文，爱上学习。

情景回顾

新高一的第一节课，我兴致勃勃地走进教室，同学们都用期待的眼神看着我。我边讲课边环顾四周，结果发现最后排角落里有一个男生，在那里趴着睡觉。我走过去，轻轻地拍了他一下。他慢悠悠地抬起头来，不耐烦地看着我，我一转身，他接着又趴下了。我担心再叫他会影响课堂效果，就没有再打扰他的美梦。

管理过程

下课的时候我把他叫到办公室，拿了个凳子让他坐下，他特别不好意思地说："不，不。老师，我还是站着吧。"比起上课时的态度缓和了很多。然后我就和他进行交流，了解上课睡觉的原因。他说从初中开始，就特别反感语文课。他觉得上语文课很无聊，因为语文成绩差，老师经常讽刺挖苦他。后来就干脆自暴自弃不学了，上课就睡觉。我了解这些情况之后，就让他回去了。心想这孩子本质还是挺好的，应该想办法激发他的语文学习兴趣。

第二天上课，我们讲《劝学》。为了引起他的学习兴趣，我的导入就从那些古代关于勤奋学习的故事开始。我走到最后一排，拍了一下那个男生，他抬起了头。我接着就问大家：你们知道古代关于勤奋学习的故事有哪些吗？话音刚落，同学们就开始七嘴八舌地说起来。我提出让一列同学，由后往前依次说，一人一个。我把第一个机会给了他。这样，他很轻松地说了凿壁偷光。同学们又说了囊萤映雪、牛角挂书、以荻画地、韦编三绝、悬梁刺股等等很多关于学习的故事，整个课堂气氛活跃热闹。我补充了一个断齑画粥的故事。齑是酱菜或腌菜之类。北宋时期，范仲淹小时家贫，他只好住在庙里读书，昼夜不息，每日生活十分清苦，用小米煮粥，隔夜粥凝固后用刀一切为四，早晚各吃两块，再切一些腌菜佐食。经过苦读终于被录取为官员。因为很少有同学知道这个词语，我讲的时候同学们都听得津津有味。我微笑着看了一眼那个男生，发现他没有趴着睡觉，而是很认真地在听讲，还把这个词语写在了课本空白处。这节课，我又找机会让他回答了几次问题，并及时对他进行了表扬。一节课下来，他全无困意。接下来的语文课，每节我都精心设计教学环节，极大地调动了他的积极性。他上课不再睡觉了，而是积极地回答问题，认真地做笔记。

技巧提炼

在本案例中，该生从初中开始就对语文学习表现出厌烦情绪。一方面是因为对语文学习不感兴趣，另一方面在语文学习上缺乏自信心。我们执教者需要寻找学生厌学根源，想办法激发他的学习兴趣，提高他的积极性。我根据所学课文，巧妙地运用有趣味、有意义的小故事吸引其注意力。上课对他多关注，多鼓励，多表扬，让他有自信心，有成就感，在语文课上有一种存在感、舒服感。这样学生就会对语文感兴趣，自然而然成绩也会慢慢提高。

迁移运用

发现亮点多鼓励，灵活多变提兴趣

他叫李新浩，是班里有名的"大神"，每次成绩都是倒数，上课不听，课文不背，名句不写，习题不做，可谓"劣迹斑斑"，是学习上的"困难户"，很是让人头疼。通过了解，我得知他家庭条件优越，父母文化程度不高，念高中就是混个高中毕业证。

我在教授《套中人》的时候，设计的教学环节是成立"别里科夫之死"专案调查组，调查别里科夫死亡的原因。每个小组6名成员，每位同学都扮演一个角色，分别饰演：警官（2名）、瓦连卡、柯瓦连科、"我"、厨子阿法纳西。先进行现场勘查，再调查与被害人有关的嫌疑人，最后写出调查报告。充分预习文本后小组内开始演练，顿时课堂气氛异常活跃，热闹非凡。显然这个活动极大地调动了同学们的积极性。我悄悄观察李新浩，发现他正在和其他同学积极讨论，时而面红耳赤，时而凝神思考，时而专心聆听。最后我特意让他们小组来台上表演。没想到这位"大神"口齿伶俐，思维活跃，见解独特，演得惟妙惟肖，赢得了同学们的阵阵掌声。我当场对他大加赞扬。这个大男孩脸有些红了。

下了课我把他叫到办公室，极力表扬他的优点。然后和他商量，给他一个新任务：让他负责他们小组的课文背诵检查，并做好记录。他起初推辞，我说我相信他一定能行的，可以先试一周，他答应了。一周后发现他做得非常好，分类记录得很有条理。而且很多篇目他也能背过了，对于这个原来根本就不背课文的学生来说，现在能背过，为师甚是欣慰。

后来我又推行了小组总分制，因李新浩经常背错字，他们小组总是最后一名。他变得不好意思了，觉得给小组丢人了，他就课下自己下功夫边背边写。由于他的努力，他们小组终于不再是倒数了。经过一个月的学习，月考的时候，他的语文成绩提高了10分。我笑了，他也笑了。

教育感悟

在我们的语文教学中，经常会碰到厌学的学生。对于他们，我们不能弃之不管，更不能讥讽挖苦。要对他们多关怀，多鼓励。我们可以寻找他们厌学的根源，根据厌学原因，对症下药。我们要认真观察，发现他们身上的闪光点，及时表扬，多加鼓励，通过各种灵活多变的教学方法，让他们对语文学习慢慢感兴趣，增强其自信心，让他们在语文课堂上有一种存在感，一种成就感。每一个孩子都是一朵美丽的花，总有属于自己的花开时刻。我们做教师的应该倾力而为，静候花开的美好时刻。

山东省平原县第一中学　秦淑芬

团队研修，合力引领
——应对课堂中胆怯的学生

语文课堂总会遇到胆怯自卑的孩子，他们很少参与课堂，甚至常常游离于课堂之外，即使被动说话也往往期期艾艾不成语句。这样的孩子或者受原生家庭影响、先天性格不良，或者后天兴趣不够、努力不足，外因和内因夹击导致胆怯自卑，表现在语文课堂上便是淡漠疏离、胆怯畏惧。

对于这样的孩子，如果不多加关注与引领，他们在语文学习上势必举步维艰，以后面对人群工作起来更是困难重重。

情景回顾

高一新授课，我带领学生赏析《再别康桥》，请学生由这首诗里的"金柳"联想开去，举出古诗词里一些带柳字的诗句，并归纳"柳"这一意象折射的感情。同学们按照座次一一回答，轮到一名男生时，他缓缓站起，目光向下，不敢直视，半晌无言。这样长时间的停顿、冷场，加重着孩子的自卑，消耗着课堂时间，降低了课堂效率。

管理过程

入学初个人介绍时就看出他的腼腆害羞，在众多热烈地想要展现自己的面孔中，他躲闪的眼神、怯怯的声音更令我心生怜惜。这一阶段的课堂上，同学争先恐后跃跃欲试的热情，老师抑扬顿挫全情投入的激情似乎都与他无关。

我替他作答吧，高高在上，本能地就抑制他向上的愿望，只会令他更自卑——"老师才能说出来，我怎么能会？"直接让他坐下吧，孩子挫败感会更强——"看，老师都认为我无可救药了！"于是，我启用小组互助模式，由同一小组的同学回答，但要求小组同学不必说全，他可以补充。这样，同一小组同学回答，作为小组这个群体的一员他自然有成就感，同时刺激了他的向上欲望——"同学能行我也能行！"当那个同学说出"此夜曲中闻折柳"时，这满面通红的孩子说出了"客舍青青柳色新"。我及时表扬了他，孩子涨红的脸颊洋溢着喜悦，尽管依然腼腆，但多了一丝对自己的认可与自信。

这样的"怯于语文者"不止一个，他们大都是长期以来不知道怎么学语文，进而不喜欢语文，久而久之成为语文学习的"边缘人"。对于这些自卑胆怯的孩子，老师语言鼓励情感熏陶只能是一时的强心剂，输送长期的营养还得靠系统化、系列化的引领。于是我将班级学生分为四个学习小组，孩子们分别给自己的小组起了个性鲜明的名字，确定了小组宣言。每个小组有智囊团，有发言人，大家一起研究问题，相互检查作业。在小组研习的过程中，有意识地将自卑胆怯者确立为发言人，同学之间的平等性、互助性有助于激发其主动性，提升其自信心。这不，课间，那个孩子跑来："老师，你看我整理了柳的意象……"笔记本上工工整整的文字便是成长的最好证明。

技巧提炼

在本案例中，该生由于语文学习长期无法、无趣，无法融入、害怕融入语文课堂。所以，我借学生团队之力，采取小组互助学习研修的方式，合力助推。从课下到课上，学生集体研修，用团队的力量互相带动。尤其是以强带弱，让自卑的孩子逐渐走出阴影，悦纳自己，悦纳语文。

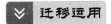

外增合力驱胆怯，内添动力自信生

"老师，我们组第一个课前讲诗词的是姜星。到时候会有惊喜哦。"课间，早有同学跑到我这里报告喜讯。

预备铃过后，班级里同学们的掌声异常热烈，他走上讲台，尽管依然是没说话先涨红了脸，但一出口字正腔圆。"今天由我带领大家欣赏苏轼的《定风波》，常羡人间琢玉郎……"背诵很流畅。开始讲解，到底还是有些拘谨："'天应乞与点酥娘'，'点酥娘'就是……"有点儿卡壳，正替他捏一把汗，同组有一同学举手，他自然地说："好啊，请张琪同学给大家解释。"当张同学帮他越过这一障碍，他后面的讲述便一直是顺畅的、清晰的。原来同组的同学把每一个知识点都进行了分配，责任到人，以备他怯场时随时补充。当听他说到"'微笑'写出了柔奴在归来后的欢欣中透露出的度过艰难岁月的自豪感"，我分明感受到了一个告别胆怯的孩子的自豪感！

接下来这堂课，我们主要分析《祝福》中祥林嫂这一形象，小组讨论环节中，看出他和同学的交谈次数明显增多，有时认真倾听，有时专心记录，真正做到了手脑口并用。同组同学也是圈点勾画，思考讨论忘我投入。最后他是组内三个发言人之一。"老师、同学们，我们组认为祥林嫂是一个勤劳、本分、善良、有反抗精神……"现场准备得没那么充分和系统，但他勇敢站起来的自信再次赢得了同学们的掌声。

这堂课之后，他在语文课上课下的学习主动性一直延续并不断增强，班级课本剧比赛他还是主角呢！语文成绩更是明显提高。

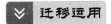 教育感悟

成长没有回头路，对于胆怯自卑的孩子，我们无法回到造成他今日

局面的过往，却可以探究是学习方法导致的还是心理因素使然。当确定了症结，我采用小组学习模式，营造有我们在你不孤单的氛围，让孩子在长久的压抑中找到出口，收获自信与友爱。长期坚持下去，课堂纪律得到优化，团队互助形成风气，智商和情商比翼双飞。在互助互学中，学生收获的是知识的储备，能力的提升，更是人格的健全。

黑龙江省齐齐哈尔市第二十四中学　孙彦玲

多予鼓励，点燃激情

——应对课堂中自我否定的学生

　　想象中理想的课堂应该是这样的：教师提出问题后，学生摩拳擦掌争抢着举手，踊跃地发言，精彩不断。而现实的课堂是这样的：举手的学生寥寥无几，而举手的经常是那些熟悉的面孔；当你期待地看着那些沉默的学生，他们或者低下头，或者环视四周躲避着你的目光。

　　学生缺乏学习积极性、主动性的原因有很多，其中重要的一点是对自己缺乏自信，底气不足，觉得自己在班内无关紧要，有意无意地给自己贴上"我是差生，我不行"的标签，担心自己说不好、做不好会闹出笑话，甚至干脆自暴自弃，课堂上磨洋工。针对这些学生，多些鼓励使他们重拾信心和兴趣无比重要。

∨ 情景回顾

　　高三写作课。

　　教室里安安静静，大家都奋笔疾书。被这美好的氛围感染，我坐在讲桌前凝神备课，内心幸福洋溢。

　　停下手中的笔，休息片刻，也抬眼看看班里的那些奋斗中的孩子。突然班里的宁静被突兀而来的尖利的撕纸声打破，一个从济南转学过来的成绩普通的学生把手里的作文纸撕成几片，然后又任性地把它们揉成一团丢在地上，之后负气地在那儿发呆。就像湖水里扔进了一颗石子，班里产生了一阵涟漪，同学们低声私语，不知道发生了什么状况。有的同学把目光投向讲台上的我，等待老师来处理这起意外。

管理过程

事出意外，要让高压下几近崩溃的学生尽快扭转情绪，拥有底气，适应高三节奏；也要想法调整全体同学的状态，转移他们的注意力。我慢慢地走到她身边，她以为会有一场暴风雨到来，深深地低下了头。我和风细雨地轻声说道："你一直是个懂事的孩子，没让老师操过心。这世上没有无缘无故的任性，你和老师说说到底是为什么！"话没说完，她的眼泪就不听控制地落了下来，原来落后学生大都有一颗脆弱敏感的心，坚持了那么久，她觉得自己离梦想越来越远了，觉得像咸鱼一样难以翻身，所以才有这次的情绪爆发。

俗话说，一念天堂，一念地狱，此时正是学生人生的分水岭，抓住良机可以让学生稳心定性、破茧成蝶。怎么帮她是关键，当时她已经极度否定自己，缺乏自信，甚至想自我放弃，所以让她先树立信心、接受自己是当务之急。温柔的鼓励远胜严厉的苛责，对，这个时候应该对她多加鼓励。想明白这点，我心里有了头绪，行动上有了方向。我高声在班里说道："××同学从济南转来咱班有段时间了，大家发现她有什么优点呀？""老师，我听说她想考播音主持这个专业，适合自己的路就是最好的路。她外形条件很好，适合出镜！""她普通话甩咱们班同学好几条街！""她来自省城，见识广博，口头作文从不怵头！"……好多同学抢着发言。当大家列举她的优点长处时，一瞬间她的眼睛闪闪发亮，脸上不再是梨花带雨，而是不由自主地露出笑容。

这时我趁热打铁说："××同学在文化科目的学习上对自己有更高的要求，这是好事，说明她不甘落后。相信假以时日，她会做得更好，不过从济南转学过来，适应这个环境总需要一个过程，心急吃不了热豆腐，要给自己时间，要相信自己！"说到这，看她眉宇间满是自信，她身边的同学也喊道："老师，我们会帮她渡过难关的，她并不孤独！"我沉浸在工作带来的成就感和幸福感中。

在本案例中，该生负气撕作文纸只是表象，自我否定才是真正原因。教师在事件开始时如果认为学生是无视师道尊严，是向课堂秩序挑衅，从而在课堂上对此生横加指责，那事态会不可控制，学生的情绪也会难以扭转。这时要想想自己学生时代的那些事，从而产生"同理心"，理解学生的处境和心情。然后找准时机，在一个师生放松的气氛中，对这名学生进行鼓励、肯定。教师的鼓励一定要说进学生心里去，激励学生从自我否定变成自我肯定，认可自己、相信自己才能激发内在潜力。

用鼓励帮学生扬起自信的风帆

刚毕业的学生中有一个叫王源的学生给我留下了深刻的印象，当然不是因为他和我是本家，也不是因为他和明星王源同名，真正的原因是师生曾经共同努力，一起成长，我给予他鼓励，他回报以奇迹。

也许是家庭教育的原因，王源温文尔雅，给老师们都留下了不错的印象。美中不足的是成绩偏差，在班里处于下游的位置，从高一一直到高三都是如此。高三一次月考，他的语文成绩又是不理想，我看在眼里，急在心上。大课间休息的时候，正好他来补交作业，我就留下他说说心里话。看得出他自己比家长老师更着急，所以这时候对他反而不能责怪批评，而要多鼓励以稳定他的情绪。

所以我对他说："拥有学习的主动性就等于成功了一半，你今天能够主动来找老师就说明你自己想改变，你已经迈出了努力的第一步啦。老师看好你！"

这次谈话后不久，王源在学习日记里写了一篇很长的文章，决心破釜沉舟学出个样来，以不辜负我的期望，他的目标是总成绩尽快进入前15名。他的那篇日记对我触动很大，字里行间感觉到他的果敢和气魄。

本着分享成长和传递正能量的精神，在课上我读了他的日记，同学们报以热烈的掌声，这之后他更踏实，更刻苦啦。时间过得很快，一晃又到了月考，成绩单出来，我先从下面寻找王源的名字，没有，然后往上找，一直看到第13名。当时我都怀疑自己是不是看错了，结果没错，就是第13名，就是这么不可思议。

过了两天，王源的父亲打电话来，电话里千恩万谢，说在班内读完孩子的日记后，王源每天学到半夜，说不能辜负老师的鼓励，不能辜负同学们的掌声。就这样我见证了鼓励给学生带来的奇迹一样的变化。

教育感悟

没有不想学好的学生，他们情绪低落、自我否定都是一种情感的宣泄。越是这个时候越是教育学生的契机，把握好时机，对学生给予恰到好处、实事求是的鼓励，让学生渴望的心重新获得温暖，疲惫的心重新获得动力。要相信，给学生适当的鼓励，他们会还以奇迹！

山东省武城县第二中学　王欣

爱心耐心，引领回归

——应对课堂中自闭、叛逆的学生

每个班级的孩子是形形色色的个体，他们从小生活的环境不同，形成各种各样的心理，尤其是到了青春期，几乎每个班级里都会出现几个叛逆的、自闭的、敏感的、焦虑的孩子。

当这样的孩子在学习中已经表现出来异于他人之处时，需要我们教师找准方法，走进他们的心灵，带领迷途的他们重新归航。

情景回顾

开学第二节课，提问到张小东，问什么都不说话，甚至看我的目光也是躲躲闪闪的。据其他孩子讲，他在小学从不说话也不笑。问了他几个问题，他只是点头摇头来回答我，自始至终，他没说过一句话，但是看得出，他没有排斥我。我决定借助这份接纳来关注并走近他。

于是，每节语文课，我都要单独关注他一下，有时向他微微笑一笑，有时轻轻拍拍他的肩膀，有时借着学生们大声朗读的声音，悄悄地在他耳边说："大声读，锻炼自己！"

管理过程

那天，课堂上背诵古诗《观沧海》，我要抽取男女生各一人做代表，进行比赛，赢者会给所有同性别的人加分。

选男生的时候，忽然看见张小东，心念一动，我说：先找女生背诵，小东作准备，如果能背下六句，也就是一半，就给男生加分。说实话，我也不确定他到底能不能背下来，但是，我还是想借着这个机会给他自信。于是在女生背诵的时候，他同桌张轶轩帮助他。过了一会儿，张轶轩激动地告诉我："老师，他背下来一半了！"我备受鼓舞地说，那就全篇背完！当张轶轩又激动地对我说"老师，他都会背了"，我的心中一阵狂喜。我高兴地让他展示自己，班级里静得连一根针掉在地上都听得见。平时他的声音几乎没有震动声带，需要仔细地倾听才可以听得到。他仍然是极不自信地不敢正视我的眼睛，但今天，我终于听见他的声音了。他一句句地背着，我们所有人都保持着一个姿势，唯恐有些意外的声音干扰了他。他努力地在背诵，偶尔会不自信地抬头偷偷看看我。每当这时候，我就满脸含笑地用手做出V字向他摇一摇，或者是双手做出轻轻的鼓掌的样子鼓励他，而当他背完最后一个字，班级里都沸腾了，都大叫着为他鼓掌。我也激动不已，抓住契机说："这是响当当的男子汉呀！说到做到，并且用自己的努力给自己赢得威信，给别人换来荣耀，这是勇于挑起责任的男子汉！"

从那天起，每当上课的时候，他尽管依旧不举手，不说话，但是他的注意力似乎没有离开过我，跟着我的思路，悄悄地像墙角的一朵小花，在不为人知的角落里生长着。

技巧提炼

用爱心、耐心与智慧去走近孩子，在我们的课堂上，老师就是这个小小世界的阳光，只要心中有爱，就可以融化一切的寒冷。换一种亲和的方式去看孩子，你会发现，原来每个孩子都有可爱之处；多给予阳光，多给予笑和鼓励，每一颗冰冻的心都会像向日葵一样朝向你，绽放属于他们的美丽！

以柔克刚，激励归航

月考之后，一份得了零分的作文试卷引起了老师们的注意。这是一个公开发泄内心怨气的学生写的。题目直接被改成"心里话"，内容是各种吐槽和不满。有针对老师的，有针对学校、校长、家长、教育局的，言辞非常极端，且带有一定的攻击性和侮辱性。核心话题就是：为什么要占用法定假期来考试？为什么不顾及初三学生的辛苦？……

卷子拆封后，我发现，他是我对班的郑伟。他平时的确不爱学习，但是没有这么"嚣张"啊。班主任说把家长请来一起教育他。考虑到各种原因，我还是包揽了此事。

课前，我趁办公室无人的时候，找他来办公室，请他坐下，微笑着注视着他，问他为什么。他说就是觉得不该占用节假日考试，当时想不通。我笑着拍拍他的头："老师是不是也没有放假也要监考要批卷呢？"他不语。我趁机说："老师们也有孩子，也有家，老师也喜欢放假，可是为什么要来，并且还要把这一切做好呢？这是因为老师心中有两个字——责任！"

他沉默着……

我轻轻地对他说："第一，我们鼓励作文讲真话，但是同时我们也有责任让每个孩子做一个阳光向上，充满正能量，有正确审美价值的人。而这样在公开作文上发泄怨气，且措辞极端带有侮辱性，传递内心的负能量，对班级和老师是不负责任的。"

他仍然沉默，头更低了……

我接着说："第二，无论你的成绩怎样，请问老师对你如何呢？"他说："老师一直对我挺好的。"我说："三年里，班级里的任何一个同学，我都视若自己班级的孩子、自己的孩子，即使现在找你来办公室，我首先要给你一把椅子，请你坐下来说话，这叫作——尊重。在你写那些文字的时候，因为自己内心的怨气，而否定并攻击了所有关心你的老师，培养你的学校，还有不相关的家长，这样是不是缺少了尊重呢？"

"第三，你有没有想过，如果在班级里被其他同学看见你的作文，或者知道你的语文那么低的分，你该怎么样解释呢？"他马上抬头说："老师，我不想让他们知道。"我见他有这个想法，趁机说："你放心，这个事就咱们两个人知道，我保证不和任何人提起，我相信，这样的事，会影响你的形象的。"他听到这里，感激地抬起头看了我一眼。

见他明显有知错的表示，我缓和说："我相信你当时有怨气，没有考虑这么多，这只是一时冲动。（我故意把'一时'重重地强调了一下）但是，你是一个男子汉，做事情要三思而后行，要有责任感并懂得感恩，不负关心你的人的感情。"

当我们回到班级上课的时候，他答应重写一篇作文。而当我发卷子公布分数的时候，巧妙地以分数算错为由避开了别人对他没有卷子的询问。这节课下课的时候，他交给我一篇写好的作文，里面有知错，有悔过，也有计划，以及感激。

教育感悟

每一个孩子，都是丰富的个体，成长的过程千姿百态，对于自闭的、叛逆的孩子来说，他们的成长之路更曲折更艰难，这时候，我们教师更应多些爱心和耐心，将其化作温暖的阳光，让这些孩子内心感到温暖，重拾自尊和勇气，让他们早日迷途归航！

黑龙江省牡丹江市实验中学　赵彦辉

引入情境，春风化雨

——应对课堂中焦虑的学生

白居易的《琵琶行》有诗云："别有幽愁暗恨生，此时无声胜有声。"在语文课堂上，一些学生会因心理压力过大而出现烦躁情绪，主要有对学习的着急和忧愁、对考试的紧张和恐慌等。处于焦虑状态的学生往往过分担心并未发生的事情，导致学习效率下降，甚至会出现坐卧不宁、惶惶不安的症状，影响日常学习生活。所以，对于语文课堂中焦虑学生的管理势在必行。

"随风潜入夜，润物细无声。"教师要带学生走入情境，用大爱去感染孩子，通过情境熏陶使焦虑孩子的心灵能有所依赖，春风化雨般滋润孩子的心田。

情景回顾

初三复习课。

为了提高学生的课堂学习效率，我特意安排班级的每位学生来讲台前讲题。讲题一方面可以锻炼学生的胆量和心理素质，另一方面可以使学生的知识点得到巩固和强化，学生们也很感兴趣。这一天，轮到班上一位很内向的女孩付薇来讲古诗阅读题《夜宿七盘岭》，快上课时我见她在座位上紧皱眉头，眼神显露出担忧的神情，正在大口喘气。我上前安慰她几句，她告诉我说："老师，我昨晚都没睡，很紧张。"我说："没事的，都是自己的同学，讲不好也没关系！"课上，我见她站在讲台前，手和腿在微微颤抖着，后来声音也颤抖了，最后不知所云，站在讲台前哭了起来。

管理过程

学生之所以有这种上台恐惧心理，是因为锻炼机会太少而造成压力过大。要解决这位女同学的焦虑问题，就应该给她创造一个良好轻松的讲课环境，通过问题加以引导，增强自信心。久而久之，焦虑心情也就消失了。

首先，我在班级带领大家鼓起了掌，全班同学非常配合，掌声如雷鸣。女孩擦了擦眼睛，露出不好意思的微笑。我说："付薇同学敢于站在讲台上，就是最棒的！可能气氛太严肃了，我给大家放个音乐听听吧。"说着，我从多媒体上找了一首古琴曲《高山流水》播放起来，宛转悠扬的旋律回荡在教室里。我继续说："付薇，给同学们讲诗，你首先准备讲什么呢？"这个内向的女孩子唯唯诺诺地说："把诗句翻译一遍。"我说："没错，你要先让大家把诗句的意思搞懂。现在开始吧！"付薇同学顺着我的思路，将诗句一点点翻译了出来。她由于太过紧张，全程不敢看同学，也没有任何互动，可我没有指责她："付薇翻译得非常准确，接下来，你打算做什么呢？""把问题挨个讲讲。"付薇语调听起来有些放松了。接着，她从写景语句的描绘和中心思想的概括两个方面给大家进行了讲解，并带领大家整理了答案。慢慢地，在古琴曲的悠扬声中，她讲完了那首诗，我上前去搂着她的肩，握着她那出汗的手，对她说真棒！

第二天，她找到我说："老师，我能不能多练练，明天还让我讲诗可以吗？"

技巧提炼

在本案例中，这个叫付薇的内向女孩在课堂上紧张不已，心理压力过大导致在讲台前哭起来。教师应该带领学生进入一定的诗意情境，让学生忘却紧张感，将注意力集中在题目本身上。我首先通过古琴曲来放松学生的心情，再用相关问题使学生注意力发生转移，引入讲题情境，从而克服焦虑，提升学生自信心。

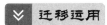

音乐造境轻松来，问题引入焦虑去

中考在即，班里有一位男同学逐渐显露出一些焦虑问题，表现为：一些简单问题总是答错，而且上课注意力不集中，总是走神，动不动就在课上摔东西，脾气焦躁。有一天上课，我带领学生分析现代文阅读题《从田湖出发去寻找李白》，正是需要静下心来对文章段落进行条分缕析。我叫这位男同学回答问题："吴迪，你来回答一下这道题。"他眼神茫然地站起来，不知道该说什么，明显是走神已久。我很严肃地说："这段时间，你怎么总是这样？"吴迪同学并不像其他淘气男孩子那样"嬉皮笑脸"，反而态度诚恳地对我讲："老师，我这段时间脾气不好，学习也学不进去，我也解决不了。"我明白他是有心无力，气愤便减轻了许多。

他的情绪过于焦虑，我首先要做的就是让他放轻松。记得前两天我教给大家一首李白的古诗今唱《宣州谢朓楼饯别校书叔云》，我说："大家还记得那首歌吗？咱们先一块唱一遍！"整个教室充溢着飘逸雄浑的浪漫主义气息。唱完后，我问吴迪："这篇文章是作者说去寻找李白，那他去哪了？"带着问题，吴迪同学仔细读了下文章前几段，告诉我说去了对面伏牛山的九皋主峰上。我接着问："那他为什么去那里找李白呢？"吴迪同学又读了几段，告诉我说："因为李白去过那，还留过一首诗。""对！那你说一下，作者的成长与李白有什么联系？"吴迪同学顺势回答："他要像李白那样在山顶作诗，以李白为榜样。""非常好！"我表扬了吴迪。通过我的层层引导，再加上音乐的熏陶，吴迪注意力集中了许多。在接下来的几天，我令吴迪"迎难而上"，每天都问他问题，几天后，我发现他的状态愈来愈好。

教育感悟

在学生心理焦虑严重的情况下，对于他们犯的错误应少一些责备，多一些理解，先采取一些放松方式，如唱歌、听音乐、看视频或是讲故事等，让学生紧张的大脑放松下来，再通过一些关键性的问题促其进入思考状态，将注意力集中在问题本身，以缓解学生的焦虑问题。

吉林省白山市浑江区八一希望学校中学　赵小越

思维导图，助力记忆
——应对课堂中记忆力下降的学生

　　相对初中阶段来说，高中阶段学生的记忆力明显下降。但是需要学生识记、背诵的篇目又相当多。每个人的记忆力有差别，同样的篇目，有的同学一个早读就可以背得滚瓜烂熟，而有的学生用一周的时间依然不会背诵。面对这种情况，学生着急，更有甚者开始怀疑自己的能力，对语文学习的兴趣逐渐减弱。在学习中，遇到这样的情况，这样的学生，就需要老师花一番心思，用一定的方法来引导。

情景回顾

　　人教版必修五中，文言文阅读相对较多，大多都是长文，而且要求背诵。每次检查背诵的时候，总有几个学生"逢背必躲"，我偶尔会为他们"开绿灯"，导致越来越多的学生"跟风"，"背不过"成为他们不背诵的"借口"。"老师，我不会。""我也不会。"渐渐地，我发现一种不良的习惯在班级里蔓延开来。在讲授《归去来兮辞》时，待我兴冲冲地走进特长班教室的那一刹那，我有点儿失望。学生们耷拉着脑袋，无精打采的。"无聊，又是文言文，还要背诵，太没意思了！"一个声音从教室里传了出来。"就是，就是。"同学们跟着起哄，瞬间教室里还响起了热烈的掌声，真是"一夫夜呼，乱者四应"！

我知道，特长班的学生本来对学习兴趣不浓，更不用说文言文，检查背诵竟然成了他们的"魔咒"。看着学生们"幸灾乐祸"的样子，一个念头在我的心头浮起。"这节课，我想请咱班的美术生结合《归去来兮辞》中第二段的内容，画一幅画，怎么样？"话音一落，教室了炸开了花，这样别出心裁的课堂设计，让那些美术生的脸上浮起了得意的笑容，眼睛散发着喜悦的光芒，一瞬间教室里响起了"沙沙沙"的声音。

在交流分享的环节，学生们争先恐后地要展示他们的画作，就连那几个起哄大呼自己不会背诵的学生也想"一展身手"。他们一边用投影展示画作，一边用优美的语言讲述画面的内容，台上台下其乐融融。"画是一种无声的诗，诗是一种无声的画。请在画面的相应位置写上与之对应的诗句。"待我话音一落，几个学生"咻"地冲上讲台，大笔一挥，就在相应的景上写上与之对应的诗句。"我们用自己喜爱的图形在关键的景上做标记，然后再把这些标记勾连在一起，你发现了什么？"一阵沉默之后，"作者的路线""行踪""看到的景""作者快乐的心情"，同学们各抒己见，此起彼伏，真是一石激起千层浪！

思维导图把抽象的文字形象化，就形成了以"作者"为核心概念，从"乃瞻衡宇"的归途之乐，到"携幼入室"的室内之乐，再到"园日涉""景翳翳"的园中之乐。"哪个学生联系思维导图，来复述第二段的内容？"那个老是背课文"拖后腿"的学生高高地举起了手，自信满满，轻松顺畅地背诵出了课文。"随着年龄的增长，记忆力下降是正常的，但是讲求策略，运用方法，可以让记忆的内容持久地保持，比如我们今天尝试的思维导图。"同学们点点头，表示赞同，眉宇间充满了自信。德国心理学家艾宾浩斯的记忆曲线显示，在识记后的最初阶段遗忘的速度很快，但是，随着时间的推移，遗忘的速度越来越慢。为了取得良好的记忆效果，要做到及时复习。"每天坚持看看这导图，久而久之它便栖居在你记忆的深处。"

发挥学生的特长，可激发学生的学习兴趣，燃起思考的火把，散发出智慧的光芒。记忆力下降的原因之一便是死记硬背，没理解相关的内容。美术生画画的过程，其实是对文本再创造的过程。思维导图让图文结合，化抽象的文字为一幅生动的画面，加深了学生的理解力，文章内容理解得越深刻，越容易记忆背诵。与文字启发式引导相比，思维导图的形式会让学生的记忆更形象、深刻、持久。因此，教师可以引导学生巧抓关键词，利用思维导图加深印象，保持记忆，收到事半功倍的效果。

迁移运用

梳理思路助力记忆

在我对《庄暴见孟子》进行讲解的过程中，一个学生忽地站起来："老师，孟子说话太啰唆了！"学生都睁大眼睛看着我，给那个为他们"发声"的同学投以热烈的掌声，好像他说出了他们想说而不敢说的心声。确实，孟子的文章喜欢采用层层叠叠的排比句，形成说理特有的气势，如长江大浪，奔腾而下，咄咄逼人，横行无阻。我明白他们所说的意思，孟子那反复的论证、严谨的思维在他们的眼里就成了"啰唆"。"那请同学们思考一下孟子在这篇文章里是如何啰唆的？"趁学生在思考的时候，我把最后说理的那部分文字，用思维导图的形式稍作变形处理，让学生仔细观察思维导图中的①②③④，找出他们的异同。通过对比，学生发现，①③都是描绘"鼓乐"场景，但人们的表情不一样，①是"举疾首蹙頞"，③是"举欣欣然有喜色"；②④都是描绘"田猎"场景，但人们的表情不一样，②是"举疾首蹙頞"，④是"举欣欣然有喜色"。①②描绘的场景不同，但表情相同，即"举疾首蹙頞"；③④描绘的场景不同，但表情相同，即"举欣欣然有喜色"。通过这样的梳理，明白了孟子生动形象地描绘了

"与民同乐""不与民同乐"的画面，两者的对比旨在说明"大王要与民同乐"。我通过构建思维导图，帮助学生梳理文段的结构，找出异同，明确内在规律。学生在记忆的过程中，记住那些固定的句式，留意那些表情变化的句子，关注那些细微的差别处，如此再三反复练习，学生便能识记这段文字。

后来在《孟子》选读的学习中，学生慢慢摸索出"孟子"的特色，他擅长运用对比说理，便经常把选文改造成思维导图，对比异同，在比较中强化记忆。

∨ **教育感悟**

思维导图是提高记忆的有效手段，它不仅仅帮助学生识记那些零散的知识，更可以引导学生的思维向青草更青处漫溯，透过纷繁的表面，去识得"庐山真面目"，培养学生的思考力、思维力。或许多年后那些识记的零碎的知识都散落在天涯，而那思考的能力却遍地开花。

陕西省旬阳县蜀河中学　王清丽

平等沟通，巧解心锁

——应对课堂中情绪不良的学生

据统计，单亲学生数量逐年递增成为一种常态，课堂上常有单亲学生情绪低落。教师是课堂的引导者，也是单亲学生的教育者。教师在课堂中如何与单亲学生平等沟通、巧解心锁，才能消除他们的不良情绪？

ⅴⅴ 情景回顾

随堂作文课。

写人，作文题目是"我的父亲"。小十紧张烦躁，不断地用笔敲打着自己的额头。同桌劝导小十，她吞吞吐吐没说清楚原因。班长问小十，是否身体不适，她也没有回答，只是一个劲地摇头，手搓得紧紧的不愿意松开，额头直冒汗。接着，小十委屈地趴在桌子上抽噎……

ⅴⅴ 管理过程

这样的情绪已经影响了随堂作文课的秩序，吸引了全班同学的注意力，扰乱了写作者的思考，打断了创作的灵感。全班听着小十的哭泣声又无能为力，心情灰暗无比。

我示意学生继续写作，大步走到小十身边说："呵呵，大姑娘了，还好意思哭，你不就是怕自己丑才哭的吗？越哭越丑。好了，大家都别看小十了，继续写，让李老师看看，嘴唇这么干都有血口子了，肯定疼了，是不是不吃蔬菜？"小十停止哭泣，用奇怪的眼神看着我，小声问："老师怎么知道我不喜欢吃蔬菜？""我不仅知道小十不喜欢吃蔬菜，还知道关于小十的其他事情，你不哭，跟随我去办公室擦药，我就满足你的好奇心。"

小十情绪明显变化，惊慌转为羞涩和好奇，我一手拥着她一手给她擦干泪水向办公室走去。小十来办公室前去了趟厕所，我已经明确她哭的原因——从小父母离异，她记事起就没有见过父亲，没法写作文。她走进办公室，情绪稳定，但自卑无助的样子至今历历在目。第二节是作文评讲课，作文题目我让学生改为"我的老师"。

小十的日记里写下这样的话：

"李老师上作文课，她站在椅子上，突然吓我一跳，误以为老师要'跳楼'呢！没想到老师做了很多搞怪的动作，逗得同学们开怀大笑。原来李老师要让我们描写她呀！我们一直在玩中学，学中玩。李老师各种开心夸张的表情让同学们不再紧张，她那幽默的话语让全班同学迫不及待地想听下一句。我因为没有考好，李老师让我每个星期找她一次，开始心里很烦，害怕、纠结、紧张，找几次后我觉得心里好了很多。我把心里的秘密告诉老师，向老师倾诉烦心事，老师替我出招，我的心和老师的心串在一起。这让我心里暖暖的。"

午后的阳光如水流淌，十岁的学生初长成。"为什么当小女孩问爱因斯坦能记住吗，爱因斯坦回答也许能的时候，音要拖长读？"一向不爱举手发言的小十竟也举起了手，我便用鼓励的眼神注视着她并点名。她回答说："因为爱因斯坦怕自己记不住，有点犹豫。""对！小十说得非常好，掌声！"这时雷鸣般的掌声响起来，小十的脸微微红。"请不爱举手发言的同学向小十学习，请坐。"真的很神奇，自从被表扬后，小十上课积极主动发言，专心听课，遇到困难会积极主动解决。

四年级学生十岁左右，人格已经形成，意识已经在心理活动中占据主导地位，有了自己独立的思想，对是非、好否、善恶有了自己的评判标准，也有了自尊心。问题的设计，抓住小十平时爱美的特点，并以不吃蔬菜作为沟通的桥梁。我让小十到办公室擦药是为了满足她的自尊心。我常说："你的关注点在哪里，你的世界就在哪里。"作文课中小十的关注点被我多次转移。时空不断变化，小十自卑、焦躁、不稳定的不良情绪在一次次关注点转移中消退、消除。师生平等沟通，才能巧解心锁。

迁移运用

恨，能成就完美人生？

2006年8月30日，高三理科班的教室如同锅里的炒豆炸开。见没有学生带着语文书，我说："不用打开书，今天我们上一节不一样的语文课⋯⋯""上什么课，不要浪费时间，影响老子的心情，让她滚出去，不要打扰我睡觉。"后排的女孩子站着用方言大声念叨着。全班同学都等着看我的笑话。

我与学生保持着足够的安全距离，说道："你好，这位女同学，我能有幸知道你的名字吗？"女孩子嘴里嘟囔着，继续用方言不屑一顾地念叨着。班里学生七嘴八舌地劝说她，有的在告诉我女孩子的名字。"谢谢，但是我真诚地想让她亲口告诉我名字，因为她是我这辈子第一个记住名字的学生。"她大声用方言说出了自己的名字之后，又加上了一堆"粗话"。教室里这群只小我三四岁的姑娘小伙子们笑得前俯后仰。"假如我不是老师，这群姑娘、小伙子不是我的学生，看我怎么⋯⋯"心里直打鼓。想起课前，此班的前任语文教师，特别端杯茶给我，并说："年轻人，去上课你就知道啦！"陶行知四个糖果的故事，从脑袋里蹦出来。"你是我的第一位学生，能够站起来回答问题，非常有礼貌。"教室里学生们觉得我傻了，明眼人都看得出，她是故意为了让老师难堪扰乱课堂，不遵守纪律。而我没有搬出我是老师必须听我的的架子。我的话语触动了她某根柔软的神经，她规规矩矩地坐好。"切哎！"伴随着唏嘘声，一串串方言词汇划过耳畔。又气又恼且不知所措的她再次站起来用方言说："上什么课，不要浪费时间，影响心情，不要打扰我睡觉。"我听到她的话语中少了"老子""滚出去"。"我的语文课，第一条要求是必须讲普通话，也是目前唯一的一条要求，都是年轻人。"我话音未落，她立即如同回收的弹簧稳稳坐在位子上。可下一秒她站起来大声且用不太标准的普通话吼道："我恨你！"教室里鸦雀无声，等待新来的我接招呢。我请她坐下，接着说："第一，每次回答问题都起立，懂得尊重老师。第二，从学习语文的角度来说，不说方言讲普通话你进步了，说话者一定要让对方听懂自己讲什么。第三，骂人一定要让对方知道，当着面骂，这样的坦率和魄力值得表扬。第四，人生完美需要有人爱也有人恨，爱我的人很多，父母、老师、朋友，一直没有恨我的人，谢谢你，恨我！你的恨，成就我完美的人生。"

全班同学响起了稀稀拉拉的掌声，她却用方言说："以后谁在语文课上废话，打扰语文老师上课，讲方言，就是和我过不去。"该同学是学校里有名的"混混"，在班里又是"大姐大"，没人敢管她，父母离异，一直都被同学私下嘲笑，没有人管教。之后我的语文课堂纪律很好，高考语文最高分出现在此班（所谓的"差班"）。

∨ 教育感悟

《菜根谭》言："地低成海，人低成王。"适当放低自己，这不仅是一种清净内敛的教育风格，也是一门做教师的艺术。低调，不是退缩，不是无作为，而是一种去留无意的胸襟，一种宠辱不惊的豁达。平等沟通，巧解心锁！

云南省昆明市关上实验学校　李台梅

第五章
后进学生之管理技巧

有意忽视，静待花开

攻城为下，攻心为上

从"心"入手，快乐学习

以情唤情，春语传情

诗文润心，激趣启智

步步紧逼，时时生疑

根植内心，持久守护

以德促学，摇曳生姿

轻敲响鼓，声震四野

唯美陶冶，怡情养性

有意忽视，静待花开

——应对课堂中哗众取宠的学生

　　课堂上常会碰到爱说小话、爱搞小动作、爱接话茬、我行我素、你问东他说西，甚至恶俗搞笑、故意敌对捣乱来刷存在感、博眼球、彰显自己的"与众不同"，以致打断教学思路、扰乱课堂秩序的学生。对此类问题学生，如果教师课堂上火冒三丈，严厉呵斥，恐怕正中了学生的"诡计"，非但难以达到立竿见影的效果，甚至还会招致学生的怨愤，令事件一发不可收拾。棘手问题冷处理，有意忽视，静待花开，或许能水到渠成，收获意外之喜。

情景回顾

　　高二下学期，我带学生学习先秦诸子散文《庄子·无端崖之辞》中几个相关的小故事。在讲述"曳尾涂中"时，我问道："'往矣！吾将曳尾于涂中'表明了庄子什么样的心志？"话音刚落，后面突然传来一阵大笑。我循声一望，那个"混世魔王"正跟同桌手舞足蹈地比画着，得意洋洋地叫嚣"王八走路就这样，小爷今儿让你见识见识！"其他同学瞬间从教学预设情节中跳脱，捧腹大笑，你一言我一语，俨然成了他的"粉丝"。

见此状，我顿时怒火攻心，真心想揪出这个"浪荡公子哥"狠狠地训斥一通。

就在我话到嗓子眼儿的那刻，又转而一想，古语有云"三思而后行"，这个活宝虽仗着自己特长生的身份历来张扬跋扈，积习已久，但他毕竟是个孩子，我倒要看看他能坚持多久。

我深吸一口气，努力调控好自己的情绪，决定先暂时剪断"这只风筝的线"，有意忽视，以退为进，避免与其在课堂上发生正面冲突："接着来我们看下一则庄子故事'对牛弹琴'。主人公公明仪也是一个善于观察，懂得变通的人。公明仪先是给牛弹奏古雅的清角调琴曲，牛依然像先前一样埋头吃草。他思来想去，发现可能是曲调不悦牛的耳。于是，公明仪用琴模仿蚊虫和小牛犊的叫声。牛忽地摆动尾巴竖起耳朵，听着音乐小步走起。生活中，我们也要善于观察，注意对象，否则一切都是徒劳……"随着对"对牛弹琴"的讲解，孩子们重新回归语文课堂，渐入佳境。那个调皮鬼眼见"奸计"没有得逞，无趣地消停下来，垂头丧气地瞅着任务单。

下课后，我并未如他所想，火急火燎地将他"邀"到办公室训话，而是有意忽视其人其事。一连几天，我依然没有过多地关注他。每当他有不遵守规则的举动时，我也只是用眼神示意。眼前风平浪静的一切，出乎他的预料。但采取有意忽视、冷处理的策略并非真的彻底放弃，不闻不问，而是在盛怒中不从事教育，棘手时暂时断线，给他这只"风筝"点时间，让他的心沉淀，静静摸索自己翱翔的方向。果然，在周五课堂测验后静待花开奏效，他主动找我促膝长谈。此时，我再重新"续线"，推心置腹，真诚相待。

本案例中，该生故意捣乱，"哗众取宠"，以此来博眼球。热问题冷处理，有意忽视，以退为进，有利于教师全面、客观地了解事件真相，以静制动；也便于学生充分反思，在思考中蜕变成蝶，体会到教师的理解、宽容和鼓励，从而促进问题解决。对于棘手问题，在时机不成熟的情况下采取有意忽视、冷处理的策略不失为一种智慧之举。

迁移运用

大胆放手，静观其成

他是一个个性很强而又非常顽皮的男孩，聪明任性，自制力差。上课不是趴桌上睡觉就是斜靠在椅背上，和同学说说小话，非但自己不学习，还影响他人。学《孔雀东南飞》时，他把一打任务单折来折去，用胶带绑成枪状，瞄瞄这个，瞅瞅那个。我发现后便用严厉的目光制止他。他还算有自知之明，赶紧把东西塞进课桌。然而没过多久，这孩子心里又痒痒了，仿佛屁股下坐着个枣核，竟我行我素地在座位上耍起街舞动作。周围的学生也跟着眉来眼去，按捺不住内心的万千躁动。

是可忍孰不可忍，我必须立刻削削他的锐气。但转念一想，人无完人，而我们的首要任务就是立德树人。

于是，我莞尔一笑，先来夸夸这个活宝：咱们班可是藏龙卧虎，说不定还真能出几个潘玮柏、周杰伦。但你可知道，明星很多时候也要耐得住寂寞，守得住心志。据说周杰伦成名前也是穷困潦倒。第一次参加选秀节目，第一轮就被评委批评口齿不清，惨遭淘汰。他硬是凭着对音乐的这股韧劲儿，让自己静下心来，蜗居两周，吃光两箱泡面写成了50首歌才赢得了世人的认可。张嘉译、黄渤等光鲜亮丽的明星背后，无一不需海量的付出，耐得住寂寞的毅力。但有些同学却像棋艺大师弈秋的第二个弟子，心不在焉。本来在学下棋，心里偏偏老想着天鹅飞过来，该怎么拉开弓箭。这样的话，即便聪明赛诸葛，又怎能及第一个徒弟的专心致志来得实在有效呢？就像《劝学》中，拥有"六跪而二螯"的寄居蟹，"非蛇鳝之穴无可寄托者"，无非"用心躁也"。但蚯蚓没有锋利的爪牙，强健的筋骨，却能"上食埃土，下饮黄泉"，终是用心一也。

　　说完，我便带大家继续研读《孔雀东南飞》。而此时，那位活宝也识趣地低下头，面露羞涩。一见此状，我下课并未将该生请到办公室面谈。此类棘手问题，不妨先冷却一下，有意忽视，给学生一个自我思考的时间和空间。

　　第二天，在学生的作业册中我惊喜地看到了一份工工整整的道歉信，言辞朴实却情真意切，甚是欣慰。于是，我趁热打铁给他写了回信，对他热情洋溢地大肆赞美，告诉他我的期许，期待一个让人刮目相看的他。

▽ 教育感悟

　　语文课堂中对"哗众取宠"学生的教育和转化是一项艰苦细致的工作，任重道远。对于棘手难解的热问题，不妨先冷却一下，大胆放手，有意忽视，给学生一个自我思考的空间，静待花开。冷静是前提，但冷中还得有热切的关注，热情的接待，热烈的讨论，热心的周旋，热忱的解答，最后回归到问题的彻底处理、圆满解决，彼此之间心悦诚服、心满意足。大胆放手，有意忽视，静观其成，也许在你拥有更好的策略解决问题之前，学生已经"无师自通"花自开了。

河北省保定市第三中学　申颖

攻城为下，攻心为上
——应对课堂中轻视语文的理科生

　　众所周知，很多理科生不喜欢语文课堂，他们认为"学好数理化，走遍全天下"。更有甚者认为语文是一门"食之无肉，弃之有味"的学科，这是门学与不学、学好学坏，强者不强、弱者不弱的学科。所以语文课成了很多人的调整课、休息课……

　　如果我们执教的理科班级中有持此想法的学生，而且这样的学生还不是一个两个，那作为语文教师就应该关注一下了，这是件很严肃的事情，需尽快调整，否则后果很严重，很可能让我们的工作事倍功半，甚至最终的结局是前功尽弃。

∨∨ 情景回顾

　　高一开学不久，在理科班上课，讲解鲁迅先生的《记念刘和珍君》一文时，我发现有一男生在坐着"闭目养神"，便按照惯例，把他叫起来回答问题，实际上也是想提醒他应注意听讲，结果正如往常一样，他根本不知道我在讲什么，也就回答不上我所提出的问题。谁知他坐下时小声和同桌说道："语文课堂，沉闷漫长，闭一下眼睛，不会错过什么，又不像数理化。"两人相视，会心一笑。

虽然这句话声音很小，但我确实听得清清楚楚，班级里很多同学也都听到了并窃窃私语，看来这种情绪在这个班级中也许不是个例，防民之口甚于防川，如果不去及时疏导，它就会如瘟疫般蔓延，感染到其他同学。

于是我暂时停止了《记念刘和珍君》的课文分析，淡然地说："我想这篇文章的作者大家应该不陌生吧？鲁迅先生，一位伟大的文学家，享有世界声誉，但最开始，鲁迅和你们一样也是一个理科生。文学家、历史学家郭沫若也是理科出身，而大数学家苏步青又对古诗词相当有研究，华罗庚、陈景润这些理科生也不例外，这些人可都是文理全才呀！他们可不会厚理薄文，这才是大家手笔！"

刚刚"闭目养神"的同学脸色有些不自然，不好意思地低下了头。但我认为他们在心理上对语文还是没有清醒的认识，我还要继续"火上浇油"，猛攻猛打。

"语文是一门基础学科，是学习一切学科的工具，它与数理化非但不冲突，在一定程度上也是互补的，梁衡老师《数理化通俗演义》就是用独特的章回小说的文学形式，把复杂机械的数理化变得简单有趣，有感情。大家试想，如果不学好语文，这一点能做到吗？刚刚上高中的我们，对语文绝不可掉以轻心，应该予以足够重视，把它当成一个强悍的对手，要在一开始就把胜利的基础打牢。记住，善于用兵者，在战略上会藐视对手，但在战术上他们会重视对手，轻敌者必败，这是万古不易的道理！语文学科在大学专业里叫汉语言文学，现在这个学科在英国等欧洲国家都备受重视，身为炎黄子孙，流淌着中国人的热血，我们怎能让母语在我们这一代人身上，在它生长的土地上日渐衰亡呢？"

听到这里，同学们都高高抬起了头，我知道，他们认可了我的说法，便趁热打铁笑着说："好了，新一代的中国人，让我们一起跟随鲁迅先生回到那个民族危机深重，风雷激荡的年代，去走近刘和珍君，寻找那一群热血的青年，通过语言文字的魅力，去感受那一代人的爱国情怀！"

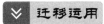

在本案例中，该生在心理上对语文有一种错误的认识，导致上课状态不佳，并有可能由点及面地影响到集体。因此，我从"病因"入手，结合理科班级的实际情况和高一学生乐于接受新鲜事物、易于被激发调动情绪的心理年龄特点，有理有据地指出他心理上的错误认识，指出语文学科的基础性和重要性，秉着中国人的精神文化薪火相传的历史传统，秉着作为老师要为学生们的未来学业规划全局的责任感，逐渐代入学习内容，渐次点醒同学们，进而激发他们为国为理想而学习的兴趣，担负起自己的社会责任和历史使命。这样一来，既完成了教学任务，又对学生进行了一次有效的爱国主义教育，一箭双雕。

迁移运用

树上开花，借势布局

在检查课后作业时，我发现有几个同学未能及时完成作业。经询问，原因是上一天别的科卷子太多。

虽然感受到了自己的语文学科受到轻视，但我控制了一下自己的情绪，平静地说："高三了，大家时间紧，任务重，老师都能理解。因为我们也是从那个阶段过来的。透过现象看本质，大家心里还是有一杆秤，权衡了数理化和语文的轻重。但请大家看看高考高分同学的语文成绩，理综成绩相近拉不开档次时，恰恰是语文成绩成了胜败的决定因素，都说语文学科学与不学是一样的，大家要知道，90分和120分绝对是不一样的！"

学习语文不能有功利性，急功近利，需长期的积累，但此时已到高三阶段，我只能"投其所好"了！

"语文是一门基础学科，它能够帮助你们更好地理解数理化，找准题干中的关键词、已知条件、隐含条件、求证内容等。在写作、阅读、鉴赏时，语文还能锻炼我们的思维能力。语文更是一种文化，具有人文性，需要我们从中发现它的美。这是培养我们高尚人格和正确的人生观价值观的捷径。请记住，即使你没有上过学，也不妨碍你做个堂堂正正、顶天立地的人，但既然你是个学生，就请你尊重你的每一位老师的工作，去完成属于你的任务。请在下一节课之前把作业交给我！"我原谅了他们，他们也表现出了被原谅的喜悦，语文课堂上更加积极了。当然，一直到毕业，在他们身上再没有发生过类似的拖延事件。

教育感悟

　　高中理科生在学语文过程中频发的种种问题绝不是个别现象，低付出低回报的学习状态也不是一朝一夕形成的。想简单地扭转乾坤，毕其功于一役是不可能的，要有一个循序渐进、由表及里、由量变到质变的过程，要让学生了解学习语文的目的，强调学习语文对人格养成的重要意义，强调这对学生未来的事业成功、人生之成就的助推作用，从而为学生的终身学习、终身发展打下坚实的基础。

黑龙江省肇源县第三中学　姜月英

从"心"入手，快乐学习

——应对课堂中写字困难的学生

写字困难症是指学生"写"的能力明显低于"听""说""读"的能力。语文课堂上表现为写作业书写混乱，容易将同音字、形近字混淆使用，视觉记忆能力较低；古诗文经过反复记忆可以熟读成诵，但很难不错一字完整地写对一整句诗。

这种情况大多是因为小学低年级识字写字部分存在学习困难而没能得到解决造成的。到了初中，随着识字量的增加，语文学习会异常吃力，作为一名语文老师，得特别关注这一类学生的认知特点，用恰当的教学方法，把落下的课程补上才是。

⌄ 情景回顾

学生小郑某年6月5日的日记："今天很无了，什么也没发生。"
书写错误：将"无聊"写成"无了"。

⌄ 管理过程

第二天是作文课，课前我让小郑同学大声朗读了他6月5日写的这篇日记。读完后我在黑板上大大地写下"无聊"和"无了"两个词语，让小郑对这两个词语作出解释。小郑说，"无聊"的意思就是"没意思，没事情做"。我进一步引导，"无"是"没有"的意思，那"聊"是"意思"或"事情"的意思吗？小郑不知如何作答。这时班上其他学生说，"聊"是"聊天"的意思。我顺势问小郑，如果"聊"当"聊天"讲，那么"无聊"的字面意思是什么？小郑说道，意思是"没有人和自己说话"。我表扬小郑分析得很好，接着我开始分析字形结构。"聊"的左边是"耳"，聊天至少得有两个人，有人说也得有人听，倾听须用"耳"，所以"聊"是"耳朵旁"；右边的"卯"就像两个人相对而坐，一人在说，一人在听。我引导他用形象记忆法识记汉字。"无聊"就是"没有人可以聊天，没有什么可以对话"。而"无了"的写法是错误的。"了"读"liǎo"的时候，表示"完成"，例如"没完没了"。

接下来，我让小郑思考，明明家里还有爸爸妈妈和你交流对话，怎么会感到"无聊"呢？小郑说，其实那天也发生了一些事情，是自己觉得"没什么"，都很平常，所以也没在意，才产生"无聊"的感受。

接着我进入新课："同学们，你们的作文反映出来的突出问题，就是题材过于单一，似乎除了'学习成绩'就没什么可写，停留在这种'无聊'的状况。你们有想过是什么原因吗？"有学生若有所思地说："是因为缺少对话，缺少一双发现的眼睛，正是这种视而不见和听而不闻让生活变得枯燥、无聊、乏味。"我说："是的，同学们，我们只要真心留意身边的一切，和家人朋友对话，和蓝天白云对话，和鸟木虫鱼对话，和这个城市的喧嚣和聒噪对话，和自己对话，唤醒身边的一切，那么，你的生活将会是'有意思'的，作文也不会再无话可说。"

从字形入手，分析正误，解释字形背后的理据，启发学生思考，达到了一石三鸟的效果。自此，小郑不仅再也没有把"聊"字写错，在以后的作文和日记里也有"话"可写，同时学生对自身存在的问题也有了反思和感悟。

　　在教学方法上，我以趣味性为主，用讲故事、多鼓励等方式，结合"六书"造字法，从"字源"的角度给汉字编故事，帮助学生记忆，引导他们思考汉字背后的内涵。他平日写的那些错别字，我让他写在改错本上，便于早自习读和记；同时和他一起探讨错误的原因，为什么要"这样写"而不"那样写"，剖析字理背后的深意。所谓"从'心'入手"，就是结合学生的认知特点和水平，施以相应的教学方法，让"识字"过程变得有趣，让学习变得快乐。

差之毫厘，失之千里

　　在学习古诗《过松源晨炊漆公店》时，一部分学生将"政入万山围子里"的"围"读成"园"。在讲解这首古诗时，我让读错的同学将"围"和"园"大大地写在黑板上，然后观察诗句原文的正确写法。

　　下一步，结合诗意，我让学生思考："围子"和"园子"都有"圈子"的意思，似乎换成"园子"也能说通，那为什么诗人写成"围子"不写成"园子"？

　　经过一番思考，有学生说"围"的表达效果更好。"围"有包围的意思，正好和"赚得""放""拦"等词语的语言风格一致，将"山""困难"拟人化，即使有一座山"放"过了你，还有无数的山在"拦"着你呢。

　　有另外一名学生说，诗人一定是接连不断遇到麻烦和困难时写成的这首诗，他把困难比作一座座山岭，虽然这个"岭"看似不高，且走的又是下坡路，看似容易，却处处布满着陷阱，容易上当受骗。在祸不单行时，我们往往会觉得困难为何总是不停地主动找上我们，所以"围子"富有动感，更能表现出作者写作时的心情。

还有学生说，诗人是一个大度、乐观、心胸宽广的人，整首诗语言幽默诙谐，诗人将自己的烦恼、困惑用调侃的方式，用幽默的语言排解开来。不论是语言风格，还是诗人的心态，都是我们应该学习的。

"说得真是太好了！"对学生的回答我给予了极大的赞赏。"围"和"园"虽然笔画数相同，意思相近，但在诗里表达效果却截然不同，真是"差之毫厘，失之千里"。在教学中，看似一个简单的书写错误，背后都可以衍生出一个个特别的故事。在课上引导学生从字形分析入手，真正理解一个汉字，继而理解一句诗的含义，一首诗的内涵，进而理解诗人的品质，学生便会有所感悟。将字、词、句、篇看作一个不可割裂的整体，往往有"牵一发而动全身"的效果。

教育感悟

认真对待学生写错的每一个汉字，对这些错误加以研究，自己将是最先受益的那个人。在分析学生的错别字时，去寻找他们犯错的原因，以学生的眼光去看待这些错误，会使自己更加了解学生的认知特点和认知水平；多去研究汉字的字源，不仅积累了许多的字理，同时也了解了古人的思维特点和思维方式，将这些融入课堂，语文课就会变得生动有趣。当写字变成一件不是那么困难的事情时，学生也就爱上了语文。若老师能从"心"入手，那么学生也会用"心"学习，快乐学习。

云南省西南联大研究院附属学校　舒余琼

以情唤情，春语传情

——应对课堂中情感淡薄的学生

我是一个喜欢真情的人，当我以真挚的情感，倾注到学生的心中，就会唤起学生内心深处最鲜活的思想和情感。我知道：没有感情的人是另外一种盲人，什么也发现不了。用心感悟生活，实际是用情感意识去接触事物的本质。许多学生学习成绩也许很好，但是他们的情感是淡薄的。这时，学生最需要老师的情感唤醒。

情景回顾

阅读题《鸟中诸葛》中有一个问题是："本文从哪几个方面说明乌鸦是鸟中诸葛的？"答案中有一项是"对长辈的孝心"，同学们对此疑问颇多。

有的同学问道："老师，对长辈的孝心是一种聪明的表现吗？我觉得只有学习成绩好，才是真正的聪明。"还有的同学问道："老师你看，乌鸦是一种飞禽，乌鸦反哺只能说是一种本能，这怎么能是聪明的表现呢？我不同意。"

管理过程

我没有直接回答，而是反问道："那你们说说看，什么才是真正的聪明呢？聪明都包括哪些因素呢？只有学习成绩好，才是真正的聪明吗？"教室里一阵沉默。此时，我读得懂他们眼神里充满的疑问，我也猜测得出他们的心里话："学习成绩好，难道不是聪明吗？"我更知道在他们的世界里，学习成绩好，就是聪明的。而且不但是在学生的眼睛里，就是在一些老师和家长的眼睛里，也是只有学习成绩好的学生才是聪明的，"学习成绩一好遮百丑"。如果学习成绩不好，那这个学生其他方面再好，也是一文不值的。

怎么才能扭转他们这些片面的思想呢？我想，作为一名语文教师，不只是要教给学生知识，更重要的是让他们学会做一个有感情的人，学会做一个关注他人，关注社会的人。因此，我们语文教师应该用细腻的情感去寻找真善美之所在，去挖掘生活中的智慧和哲理。这样，你的课堂才会充满着智慧的光芒。

我略作思考，语重心长地答道："同学们，学习成绩好只能证明他有一个聪明的头脑。我们来学校学习不仅是要取得优异的成绩，还要学习如何做一个有感情的人。换句话说：就是不但要培养同学们的智商，更重要的是要培养同学们的情商。也就是要培养大家成为一个有感情的人。'羔羊跪乳，乌鸦反哺'，历来都被我们奉为孝敬父母的典范。只有学习成绩好而不孝敬父母的人，我们只能说他的智商好一些，而情商不高，是不完整的人，他的聪明最多也只能算是一种小聪明。只有怀着一颗感恩的心，孝敬父母的人才是有大智慧的人，才是真正的智者。同学们，请你们想一想，你们都能够做到吗？我们这些自认为世界上最聪明的人都不能保证自己每时每刻都去孝敬父母呢，而这个小小的乌鸦却做到了。难道它们不是聪明的鸟吗？在某种程度上，我觉得孝敬父母还是一种做人的智慧。在孝敬父母这个方面，我认为乌鸦有人类所不及的智慧，虽然这是乌鸦的一种本能。"这时，我看到同学们的眼睛里闪现出一种从来没有过的光芒。我知道，在完成教育学生如何成为有感情的人这个任务时，今天我成功了。

其实，在孩子们思考这个问题的同时，我也在一遍又一遍地追问自己的内心，一遍又一遍地追问自己的灵魂："孝敬父母是一种智慧吗？"我觉得孩子们这个问题问得太好了，很深刻，很有意义。甚至这种提问本身，就是一种智慧。孩子们能够在学习的过程中提出这么有价值的问题，我觉得自己好幸福。我深深地感受到教学相长，在给同学们解决疑惑的同时我也在成长。不但他们成长为一个有感情的人，我自己也受到了深深的感动。

在本案例中，学生一方面过于重视学习成绩，另一方面亲情淡薄。所以，我"以情唤情"，采取了以师者真挚的情感，唤起学生内心深处最鲜活的思想和情感的方式来解决问题。让真情打动学生，用情感将教师与学生的内心连接起来，最终把学生培养成一个有感情的人。

恩威有异，亲情无别

《拥你入睡》是一篇写父爱深情的文章，同学们都为父亲拥着儿子入睡这幅温情而感人的画面深深感动。课后习题又链接了两则材料——"他给我拣定了靠车门的一张椅子；我将他给我做的紫毛大衣铺好座位。他嘱我路上小心，夜里要警醒些，不要受凉。又嘱托茶房好好照应我。"（朱自清《背影》）"软软！你常常要弄我的长锋羊毫，我看见了总是无情地夺脱你。现在你一定轻视我，想道：'你终于要我画你的画集的封面！'孩子们！你们果真抱怨我，我倒欢喜……"（丰子恺《给我的孩子们》）然后让学生评价三位父亲的做法。

学生终于有了评价父亲的权利，回答热情高涨。有的欣赏朱自清父亲的做法，因为他对儿子处处关爱、体贴入微。有的不欣赏朱自清父亲的做法，因为他对儿子的爱太过细致，没有感受到儿子身心独立的需要。有的认为丰子恺先生的做法则过于简单粗暴。有的认为丰子恺先生在伤害孩子心灵之后，能善于自省与自责。有的欣赏本文中的父亲，忙碌之余而不忘亲近儿子。

仔细倾听每一个学生的评价，我调动全身每一个情感细胞，深情地对学生说："孩子们，你们长大了，都有自己对事情的分析和评价。可是无论是简单粗暴的父亲，还是亲近孩子的父亲，还是那个事无巨细的父亲，他们哪一个不是深深地爱着自己孩子的父亲呢？也许你不喜欢他们爱的方式，但是有谁不喜欢父亲们那颗深深爱着孩子的心呢？"看到孩子们沉默了，我继续说道："孩子们，你们知道吗，你们在不经意间长大，给爸爸妈妈的心中还带来了忧伤，如果你过去不曾察觉，那你一定是不知道你在爸爸妈妈心中的分量。天下哪个父母不爱自己的孩子呢？他们虽然恩威有异，但是对你们的一片深情却是没有丝毫的差别。"学生沉浸在我营造的情感之中，陷入了沉思。当我看到他们眼里的莹莹星光，我知道他们成长了。

教育感悟

"最是情真处，最能感人心。"语文课堂中时时都充满了真情，刻刻充满了感动。当我们教师用自己的真情将这一份份真情、一种种感动传递给学生的时候，教师如那一池传情的春水，可以尺水兴波、左右勾连，可以让学生豁然开朗、茅塞顿开，可以让学生如饮甘露、如沐春风，可以润物无声、水到渠成。语文课堂是一个多姿多彩的梦，在真情的吹拂下，一身诗意，一抹清香，一池风景。

黑龙江省哈尔滨市南马路学校　刘雨霞

诗文润心，激趣启智

——应对课堂中有作业健忘症的学生

上课铃响了，他才发现要用的课本找不着；要交作业了，他才想起该写的作业还没写；要检查背诵了，他才记起该背的书还没有背。"记住今天的作业！"对他说了八百遍，他就是记不住，我把这种现象叫作"作业健忘症"。

从"作业健忘症"的类型来看，有的是以"忘了"为借口逃避功课，有的因贪玩确实忘了，有的对这门学科不感兴趣下意识选择性忘记。"作业健忘症"治不好，易在班级内传染扩散，影响班风学风。所以，作为任课老师一定要采取措施加以治理。

∨ 情景回顾

七年级语文课堂。

前一天教完了刘禹锡的《陋室铭》，很多同学已经能当堂背诵。对于这脍炙人口的名篇，背诵应该不是难事。今天我抽查背诵，第一位同学背得很流利。到了第二位同学："山不在高，有仙则名。水不在深，有龙则灵……"背到这儿就卡住了。这位同学语文成绩中等，以他的水平，如果他用过功，背熟这篇课文不难。我问道："同学们，这篇文章难背吗？"同学们异口同声："不难。"那位同学把头压得更低了。"还有哪些同学不会背？"有三位同学自觉站了起来，理由惊人一致——回家忘了背。

⌄ 管理过程

这可是任何一位语文老师都不愿意看到的局面。已经查出的四人加上不会背却隐形的，比例不小啊！

我暂停新课的教学，审视这四位同学。两位成绩中等，但非常贪玩；另一位偏科，对语文很不感兴趣；还有一位各科成绩都差，对学习已经没有信心。

以前，我这么治"作业健忘症"：用红笔在他们手背上写两行字——"语文作业是……，我下次不会忘记"。笔尖在他们皮肤上划过，眼前出现两行鲜红的文字，经过这种触觉、视觉的刺激，他们一辈子也不会忘记这段"刺字"的经历。这方法效果明显，但方式简单粗暴，一点都不柔和润泽，极有可能给孩子留下心理阴影。再说，这种方法也不能唤醒装睡者，对语文无兴趣者、无信心者，不仅没有正面作用，有时反而可能适得其反。

作为语文老师，这次我想用语文的方法解决问题。我脸上的肌肉由紧绷变得舒展，说道："其他的同学背得都不错，老师很欣慰，本来要惩罚你们的，这次就算了，你们四位得感谢其他的同学。下次你们可不要再忘记了。"我顿了顿，继续说道："我正在读于丹老师的《重温最美古诗词》，这段时间，我陶醉在古诗词之中。我想给你们站着的四位写诗以示告诫，谁想要？"四位同学不约而同举起了手。我沉思片刻，借用《劝学》和《金缕衣》中的句子，随口吟出："劝子龙，子龙少年五月花，正是男儿读书时，花开堪折直须折，莫待无花空折枝。"然后我作了解释："子龙同学，你花一样的少年，正值勤学的时候，要珍惜大好时光，正如花开宜折的时候就要去折，不要等到花谢时只折了个空枝。"我把这首诗送给那位叫李子龙的同学，教室响起了热烈的掌声。"谢谢老师，我下次不会忘记作业的。"李子龙声音洪亮，脸上露出了微笑，眼睛闪着光。

"其他三个同学也想要老师的诗，我得看看你们的表现。"此后，这四个同学能够及时完成作业，学习态度也大有改观，语文成绩都小有进步。临近学期结束时，我给这三位同学每人赠诗一首，诗写在精美的卡片上。

本案例中，这四位同学"健忘"，背后的原因不一。我没有采用空洞的说教，也没有采用刺痛人心的惩罚，而是采用语文的方式来解决问题，现场即兴赠诗，用诗意书香滋润着孩子的心灵，激励孩子们爱语文、学语文。

益友共进步，损友共沉沦

上午第一节课，同学们精神饱满，老师上课也很有激情。我的视线无意识地扫到了"违和"的一幕：两位同学趴桌上睡着了。一位是"学优生"，另一位是"学困生"，学困生沉迷网游，他们是一对很要好的朋友。我猜出八八九九，学霸被学渣拉下了水，开始迷上网游，估计他们昨晚玩游戏玩得太晚，所以上午第一节课就打起瞌睡了。这位"学困生"就是一损友啊！此刻，我联想到上学期一位同学写的一篇题为"学会欣赏"的作文，他欣赏的对象是自己的同桌，作文中大谈两人关系如何的好，形影不离，上学一起来，放学一起回家，总有聊不完的话题，连上课的时间都会聊天。作文讲评时，我专门批判了这种所谓的友谊，指出朋友应共同进步，而不是一起沉沦。看来孩子们并没把老师的话记心上，也看得出友谊观扭曲，交到损友的不是个例。于是我停止正常授课，给同学们上一堂关于友谊观的教育课。

"同学们，真正的友谊很可贵，很美好。管鲍之交、知音之交、刎颈之交等故事流传古今，让人心生向往。友，有益友损友之分，孔子曰：'友直，友谅，友多闻，益矣。'真正的朋友相互关心，共同提高，一起进步。交益友受用终身，交损友抱憾终身。《世说新语·德行》中有这样一个故事：管宁、华歆共园中锄菜。见地有片金，管挥锄与瓦石不异，华捉而掷去之。又尝同席读书，有乘轩冕过门者，宁读书如故，歆废书出观。宁割席分坐，曰：'子非吾友也。'管宁和华歆是一对非常要好的朋友，他俩成天形影不离，同桌吃饭，同榻读书，同床睡觉。管宁为什么要割席断交？因为他从华歆的举止中看出这是个贪图富贵想不劳而获的人，与自己不是一路人。不能一起追求，一起进步，失去了做朋友的意义。"

　　我把学优生和学困生叫起来。"听说你们也是一对非常要好的朋友，听了老师刚才的一番话，你们有何感想？"两同学顿时羞愧难当，脸刷地红了，低下头。我继续说："你们应该重新思考友谊的真正含义，重新检讨你们之间的关系。"

教育感悟

　　一个班中，有的学生学习自觉，有的贪玩，有的作业拖沓。对于有"作业健忘症"的学生，无论是因贪玩而"健忘"，还是下意识选择性遗忘，作为语文老师，应怀着一颗诗意之心，用诗文润心之法去感染、熏陶、影响、改变学生。这样，班风学风得以维护，有利于全班的语文学习，也有利于学生形成正确人生观价值观。

　　　　　　　　　　　　　　　　　　湖北省孝昌县周巷中学　　刘志宏

步步紧逼，时时生疑

——应对课堂中思考浅层化的学生

语文课堂，时常出现"过热"和"过冷"两种情况。"过热"，主要表现在学生思考不够深入，脱口而出，浅尝辄止，甚至信口雌黄，哗众取宠，呈现的是虚假的"生机勃勃"的景象。"过冷"，主要表现在学生无心、无力去思考课堂问题，觉得课堂是无趣的，甚至是厌恶的，死气沉沉，一片萧条景观。

这两种课堂状况，会导致课堂效率低效，甚至无效。追根溯源，实为教师对学情把握不准，对教学难易度、深浅度的把握存在问题，学生思考浅层化所致。怎么办？可以追问的形式，以"情景+历史唯物+辩证法"的方法，引导学生进行深入思考，从而有效改变因学生思考浅层化而出现课堂气氛"过热"或"过冷"的状况，提高课堂效益。

情景回顾

高二常态课。带领学生赏析高中语文人教版第四册《长亭送别》"【端正好】碧云天，黄花地，西风紧，北雁南飞。晓来谁染霜林醉？总是离人泪"这一内容时，我选择平铺直叙的方法来引导学生进行鉴赏，我问学生：唱词中写了什么景？学生们就像绕口令一样脱口而出，课堂气氛热闹非凡。我接着问：这些景物中蕴含了作者怎样的情感？学生异口同声地答出来——"离别之情"。我又问：你们对这句话有什么感悟呢？顿时，课堂一下子就陷入到沉寂当中。

这节课从"虚假繁荣"到"沉默不言"，从浮华归于平淡，我才突然领悟到这样的课堂，这样的问题设计，这样一种几乎不用思考或浅层思考的"低难度"的教学，是多么的低效、无效，甚至负效。

管理过程

那么，我们该如何来扭转这种低效、无效，甚至负效的语文课堂呢？如何解决学生思考浅层化的难题，改变语文课堂要么"虚假繁荣"，要么"死气沉沉"的困局呢？我觉得解决这一问题的技巧之一是追问。

追问是深入理解文章、激发学生思维活力的重要方式，它可以激发学生的思维，拓宽思维的宽度，增加思维的深度，提升思维的高度和品质，让你的课堂充满思维之光。

我在教学《长亭送别》一文时，就充分利用了"追问"这一教学提问方式，收到了意想不到的效果。

我将教学《长亭送别》时关于追问的细节整理如下：

我首先让同学找出文中所描写的意象，然后从每个意象入手开始追问。比如就"碧云天"我问：文章的情感基调明明是"凄凉哀婉"，作者为何描写晴空万里啊？就"黄花地"我是这样追问的：作者为何不说"黄叶地"而说"黄花地"呢？"黄花"这一意象在其他古典诗词中出现过吗？同学很快想到了李清照的"满地黄花堆积""人比黄花瘦"和毛泽东的"战地黄花分外香"。我继而又问：李清照笔下的"黄花"和毛泽东笔下的"黄花"有何区别？文中的"黄花"更接近于谁笔下的？就"西风紧"我紧紧抓住"紧"字追问：为什么不说西风狂或西风疾，而一定要说"西风紧"呢？一个"紧"字写出了怎样的景怎样的情呢？就"北雁南飞"我追问：大雁南飞有何寓意啊？想一想我们学过的李清照的"雁字回时月满西楼"，雁字有何寓意？表达了莺莺怎样的心情啊？就"晓来谁染霜林醉？总是离人泪"我追问："染"字有何作用？就"醉"字我是这样追问的：为什么作者用"醉"来形容霜林呢？"醉"与什么有关？与酒。酒与什么有关？与愁。所以李白要说"抽刀断水水更流，举杯销愁愁更愁"。最后，我追问：这样一些意象我们把它组合在一起该是怎样一幅图画呢？如果叫你给这幅图画起一个名字，你会怎样命名呢？为什么要这样命名呢？

【端正好】这么几十个字，经追问，不仅丰富了学习内容，让学生回忆了以往的知识，更重要的是在追问中学生学会了思考，学会了比较，学会了反问。课堂教学，真是一门艺术。每个人都可以对同样的文章演绎出不一样的精彩。我想，追问，正是课堂上的另一种精彩。

☑ 技巧提炼

本教学案例很好地利用了"追问"这一课堂教学技巧，巧妙地化解了语文课堂要么"虚假繁荣"，要么"死气沉沉"的困局，解决学生思考浅层化的难题，扭转低效、无效甚至负效的语文课堂。简而言之，追问就是教师在学生回答问题的过程中或问题回答结束后的一个教学步骤或策略——教师在学生发言时及时抓住学生回答中的生疑点，对症出击，且紧扣不放，在无疑处"生疑"，在有疑处"深疑"，步步追问，一问到底，激荡学生心智，激活课堂灵气，让语文课堂变成有思考深度、有拓展宽度、有文化厚度的生命场。

☑ 迁移运用

步步惊心巧生疑，处处追问解妙文

曾见一位教师教学经典名篇孙犁先生的《荷花淀》，其中小说开端描写水生话别水生嫂一段写得细腻而精致。教师在引导学生讨论分析水生嫂的对话时非常出彩。

原对话如下：

师：（指着一个学生）请你点评"你走，我不拦你。家里怎么办？"这句话。

生：这一对话显然可以看出水生嫂的内心矛盾，从大道理上，她不能不支持丈夫，但从家庭角度计，从个人感情计，她又不忍心丈夫离开。

师：（追问）你的分析是有道理的。那我想进一步与你讨论，你认为，在水生嫂身上，这个矛盾是真的矛盾吗？

生：不是。

师：那是为什么？

生：因为从整体看，从前后文看，她是识大体，顾大局的。

师：既然这样，你前面的矛盾说，是不是很准确呢？

生：不很准确。

师：那应该如何说？

生：我觉得应加上：当然，这种矛盾也是表面上的，实际上，又是不矛盾的。

师：那你能够把不矛盾解释得更清楚、更有深度一点吗？比如说，既然如此识大体，顾大局，又为什么要说"家里怎么办"这样的话呢？

生：老师，我没有想好。

师：这位同学已经分析得不错了，他有困难，有谁来帮他一下？

生：我以为这是水生嫂的幽默。（有生笑，师请另一位举手的学生说。）

生：我觉得这个特定的氛围中，水生嫂将与朝夕相处、深情相爱的丈夫生离死别，不可能冒出什么幽默。我理解，这应是水生嫂希望丈夫明白他离家后家庭的难处，知道她在家中将要承担的辛劳，从而更多地理解自己，看重自己，特别是离别前能够对自己有更多安慰和爱抚。

本教学案例无疑是成功的、高效的。教者抓住人物对话，步步为营，巧妙设问，从而让学生思维活跃起来，并潜入文本深处，与文本对话，既通过对话把握住了人物内心活动，达到了教学目的，避免了学生无话可说，让课堂不至于"死气沉沉"；又通过追问将学生引向文本的深处，杜绝了学生思考浅层化，避免了学生浮于表面，让课堂气氛徒有表面的"繁荣"。而这样的效果源自教师的"步步紧逼，时时生疑"。在教学过程中，遇到课堂气氛过热——"虚假繁荣"或课堂气氛过冷——"死气沉沉"的状况，我们应该"步步惊心巧生疑，处处追问妙文解"。

教育感悟

　　语文课堂，是思维流动的源头活水，有汩汩水声的动听，也有润物无声的宁静。而纵观眼下的语文课堂，掌声、笑声多，幻灯片、音乐、画面多，学生举手如林、热闹非凡，也有一些课堂学生沉默不言，一声不吭，觉得上语文课索然无味。不管是"虚假繁荣"的课堂，还是"死气沉沉"的课堂，归根结底，均为学生思考力之浅薄所致。为此，语文教师要保持清醒而理性的思考力，守好自我的阵地，让语文课堂有探究的深度，有思维的张力，让学生在语文课上，学会深层思考，展开思考的翅膀，翱翔于文字的天际，寻觅到汉字之美、文学之力。

四川省邛崃市平乐中学校　　田俊

根植内心，持久守护

——应对课堂中智力有障碍的学生

老师的教学生涯中，或多或少会遇到"问题学生"，这样的"遇见"往往容易让课堂节外生枝。这里的"问题学生"指的是没有自控能力，智力停留在幼儿园水平的孩子。他们不知道在课堂上要像正常学生那样遵守规则，同时又有一颗敏感而脆弱的心，找不到安全感。父母没有把这样的孩子送到特殊学校，而是送到普通学校与智力正常的孩子一起学习、生活。这样的孩子，上着课突然站起来，问些很幼稚的问题，突然又做出极端的事情。遇到这种情况，老师要迅速做出恰当的反应，否则课堂节奏被打乱，学习的氛围被破坏，甚至会出现教学事故。在这种情况下，老师根植内心的持久的爱和引导就尤为重要。

情景回顾

初二语文课。

我带领着学生赏析日本作家川端康成的《父母的心》。我问："'与其舍掉一个孩子，还不如爹妈儿女一家六口饿死在一起好'，从这句话中你们读出了什么？"我耐心地引导学生："同学们，假如你是其中的父亲或母亲，你的心情会怎样呢？"课堂一下子安静了下来，同学们都陷入了沉思。没有人愿意去想这个残酷故事里父母痛苦、沉重的心情。突然，一个声音缓缓地说："老师，有一天，我爸爸妈妈会不会不要我呀？"这一问，本来安静的课堂更静了，54位同学们屏住了呼吸，眼睛直直地望向我。眼神里有惊愕，有期待，更有对老师接下来要怎么办的好奇。

⌄ 管理过程

这个孩子，全班同学都亲切叫她的小名——凡凡。她的突然发问，吸引了绝大部分同学的注意力，已经影响了课堂的秩序，把课堂引向了更残酷的现实思考，已然超越了语文课的命题。

我说："凡凡同学问得好，我们好好读课文或许就能找到答案。"我继续让同学们读"与其舍掉一个孩子，还不如爹妈儿女一家六口饿死在一起好"这句话，体会文中爸爸妈妈的心理。

同学甲说："爸爸妈妈不愿意放弃任何一个孩子，哪怕饿死也不愿意用任何一个孩子去换取全家活命的钱。"

同学乙说："这对父母不会舍掉任何一个孩子的。"

同学丙说："每一次，这对父母把其中一个孩子送出去，内心都备受着煎熬。"我顺势问："哪些句子能体现父母的这种煎熬呢？"

同学丙答："'请您收下这小家伙吧'，夫妻俩收下了钱，流着眼泪离开了夫人舱房。流着眼泪离开，说明这对父母内心是非常纠结难过的，所以，第二天他们就要回了孩子。"

我又乘势问："那第二次送出去二儿子这对父母心情又怎样呢？"

同学丁找到了课文的句子答："'再说，孩子五岁了，也开始记事了。他已经懂得是我们抛弃他的。这太可怜了。'这对父母这样说，就证明他们不会抛弃任何一个孩子。"丁同学还转身对凡凡说："所以，你爸爸妈妈不会抛弃你的，他们一定非常爱你的，看你穿得多好呀！"

我接着说："是的，没有任何一对父母会把孩子抛弃的，孩子是父母的骨肉，连着父母的心，爸爸妈妈爱每一个自己的孩子。"我看见凡凡同学露出了灿烂的笑脸。

在本案例中，该生是"问题同学"，对社会和周围事物的认知停留在3岁孩子的水平。

每次上语文课，她都会不经意地提出3岁小孩子的问题。作为语文老师，不能忽视这颗稚嫩而渴望被呵护的童心。所以，我采取"根植内心，持久守护"的方式解决她提出的问题。教育，从守护好每一颗心灵开始，尤其"问题孩子"的心灵，更需要老师根植于内心，耐心持久地守护。海伦·凯勒说："爱是摸不着的，但你却能感到她带来的甜蜜。"

草率行事不可取，"爱"字守护常相伴

这天，11点20分我在一班上着第五节课，我们班的班长来到一班门口招手示意我出去。上课时间，有科任老师在教室，班长却跑来找我，我的第一反应一定是出了什么问题。于是让一班的同学复习着，我赶到二班教室门口。

我赶过去时看见一位正同学不断地嚼着、吞着一个纸团，还发出一阵阵打嗝声。我示意吞纸的孩子走到门外，并悄悄地在耳边告诉他，无论纸上写了什么内容，我承诺不会看，安抚着他吐出纸团来。在我的劝说下，难以下咽的那团纸被吐到垃圾桶里去了。

后来我了解到，他不认真听课，私下写字条，老师叫他把字条拿出来，他不拿，情急之下就一口吞了进去。我想到让他喝醋，他喝了之后，喉咙通畅了，感觉舒服了很多，这件事情得到了圆满的解决。

下一节课，我把本来要讲的内容放一边，说："同学们，我们来读读《钢铁是怎样炼成的》这部名著里的一段话：'人最宝贵的是生命，生命对于每个人只有一次，人的一生应该这样度过：当回忆往事的时候，他不会

因为虚度年华而悔恨，也不会因为碌碌无为而羞愧。'"

"这段话告诉我们什么？"我问。"要珍惜生命，要爱惜自己，要不断奋斗才无愧自己的青春，让自己以后不后悔。"我接着问："保尔是在什么样的情况下说出这段话的？"同学们答："在烈士墓前，看着一个个自己熟悉的人离开自己时。"我肯定地说："是的，在这样的情况下，他突然领悟了生命的意义是什么。"

同学们还举了课文中的例子：司马迁说"人固有一死，或重于泰山，或轻于鸿毛。用之所趋异也。太上不辱先，其次不辱身"；文天祥喊出"人生自古谁无死，留取丹心照汗青"。从司马迁到文天祥，很多仁人志士受尽磨难和委屈，但他们爱惜自己，他们活命于天地间，无愧于自己和周围的人，更无愧于国家。

接着我说："我们读语文为了什么？读那么多经典为了什么？是为了让我们活得更大气，活得更宽广，活得更有分量！"

教育感悟

每一个学生都是独特的生命体，"问题孩子"来自不同的家庭，原生家庭或多或少地影响着他们的心灵，使他们敏感和脆弱，也容易走极端。遇到这样的孩子，首先，要充分信任他们。老师要用语言和行动巧妙地传递出信任和爱，让他们感受到，同时接纳你。其次，用语文老师丰厚的文学修养，将脆弱而冲动的学生拉到有力量的文学世界中来，以老师智慧的分析和表达感染学生，激励学生。这样，课堂的问题得到了良好的处理，学生也提升了语文学习的能力。学生的心结得到了化解，全班同学也受到了启发。学生端正了对待自己生命的态度，懂得了珍惜。

云南省西南联大研究院附属学校　李廷梅

以德促学，摇曳生姿

——应对课堂中故意捣乱的学生

　　课堂是师生学习合作的重要场地，每位教师都渴望课堂有和谐的氛围和愉快的合作。然而有些时候，教师的渴望却会成为奢望，因为常常有学生的捣乱现象充斥课堂，影响学生的学习效果，破坏老师的讲课心情。他们有的发出怪声，有的弄出怪相，有的做出奇葩之事，这些学生大多都是学困生，也不乏学习成绩很好的学生。究其原因，有的放纵自己，有的对老师有情绪，有的自私心很重，不一而足。不论哪种情况都是不符合学生守则的，遇到这样的情况教师就要充分发挥教育智慧，及时处理，还课堂以良好的教学秩序。

∨ 情景回顾

　　一次，我在讲解课外阅读《炊烟》，文中写的是儿子要接父亲去城里安度晚年，可是父亲就是不去城里，执著地在家里养鱼，说喜欢养鱼，看见鱼就像看见孩子一样。我刚提问为啥父亲说"真的连厕所的屎尿味道都闻惯了"时，班级里一贯调皮的于可心同学突然大声喊："老师，我要上厕所！"我怕耽误讲课就没理他，他便愈发地搞怪，拿起一个空饮料瓶子，边叨咕着边起身往后墙角走过去："再不让我上厕所我就往瓶子里尿。"听到这里我真的很生气，我瞥了一眼墙上的钟，才刚刚上课不到十分钟，这节课之前又是大课间，有足够时间上厕所，此时要上厕所纯属捣乱。我知道他是顽皮的孩子，如果随了他的性子，可能就会有效仿者，我的课就完不成任务。如果批评他，他会觉得委屈，会变本加厉和老师对着干，课堂的时间就会白白浪费掉。此时学生也都静待这个要往矿泉水瓶子里撒尿的学生，想看老师是怎样处理的。这件事如果处理得恰当，会有警示作用，处理得不当可能会发酵，熏染到其他学生身上，还会有其他的恶作剧发生。

⌄ 管理过程

于是我和颜悦色地对他说："我知道你的性格，宁可憋坏自己，也不会失掉尊严，往瓶子尿尿，对吧？"他点点头。"这样，你再憋一会儿，我给你讲个故事吧。"他一听说我要讲故事，就很心悦地回应说："好的，老师，我就愿意听你讲故事。""你知道唐宋八大家的苏东坡吧，一日，苏东坡与好友佛印一起坐禅，苏东坡问佛印：'大师，你看我的样子如何？'佛印说：'在我眼中，居士像尊佛。'接着佛印问苏东坡：'居士，你看我的样子又如何？'苏东坡揶揄地说：'像堆牛粪。'佛印听了，并不动气，只是置之一笑。苏东坡回家后，得意地把这事告诉他妹妹苏小妹，苏小妹听完说：'哥哥，你输了。一个人心里有佛，他看别的东西都是佛。一个人心里装着牛粪，什么东西在他眼中都是牛粪。'"

"人的内心决定人的视野和行为，什么样的人看到什么样的世界。'君子所见无不善，小人所见无不恶。'心中装着牛粪的人，看到的只有肮脏，就会不开心；只有心中充满阳光，照亮自己也照亮别人，生活才会快乐。其实学习也是如此，心里装着知识，心里想着学习，体现出来便是修养和文明。"我讲完故事总结完道理，一看刚刚要上厕所的于可心同学已经要把头快埋在桌子底下了。我叫他去厕所，他马上摇头说："老师我不去了，我要听课。"剩下的时间，不但他认真听课，全班学生的表现都很好，各个都像绽放的花朵，芬芳四溢，摇曳生姿。

本案例中，该生是个很爱面子，吃软不吃硬，讲义气，但是不爱学习，顽皮，对自己很少约束，总是爱做出点奇葩的事情的孩子，他通过这些来证明自己的存在，并且还有一点小坏心眼，自己不想学习，还要干扰别人学习。我针对学生的特点因材施教，用名人的故事来唤醒他内心的善良，修缮他的道德大厦，让他深深地认识到自己的不文明，既影响老师讲课，又影响同学听课。同时，这也让全班学生接受一次道德教育的洗礼，心灵净化，语言美化，让课堂成为师生和谐交流的情感场地。

迁移运用

赠人玫瑰，手有余香

方言同学学习成绩很好，很会私下里学习，自己做完题，就好动手动脚干扰别人，很怕别人超过他。一次做阅读，卷子发下来后，只见方言眼睛死死盯着卷子，眉头时而紧锁，时而舒展。很快，他阅读卷子做完了，就得意地看着同桌，开始了他的捣乱动作。一会儿拍拍同桌后背，一会儿捏捏同桌大腿，同桌显然很烦，却无可奈何。于是我提醒他不要乱动，他表面安静了，可是手里又拿出小镜子，反射阳光照同学，于是我把他叫到我的身边，让他背诵《虽有佳肴》，让他翻译"教学相长，学学半"，并且说出含义和启示。目的是让他发挥长处帮助同学学习，给不会的同学以指导。我看出他不情不愿，但是在老师的监督下，他还是发挥了他的长项。过后我和他聊天，问他帮助同学学习的感受，他非常高兴地说："老师你真有办法，我觉得给别人讲题比我自己学习的效率更高，真的是'赠人玫瑰，手留余香'"。并且很得意地对我说："在教别人的时候自己也夯实了知识，灵动了思维，激活了灵感，同学高兴，自己也开心。"我鼓励说："你做得很好，既帮助了同学，又提升了自己，还帮助了老师，成为同学喜欢的品学兼优的好学生了。"他会心地一笑，向我表示了谢意。期末考试，他用优异的成绩向我作了汇报。

教育感悟

学生是独立的生命个体，他们的性格、成长环境千差万别，特别是中学生正处于半成熟时期，思想很不稳定，自己的人生方向也不太明确，课堂出现捣乱现象是难免的。这时教师就应该充分发挥教育智慧，及时了解事情原委，了解他们内心究竟想些什么，为什么会这样做，然后以德促学，而不是一味地怒斥、批评、指责。师生关系和谐了，学生才能亲其师，信其道，课堂的学习氛围才能蔚然形成。学生只有在语文的百花园中，不但吮吸到知识的甘甜，还嗅到文明的芬芳，得到诗意的濡养，才能让自己栖息在克己明礼的土地上，摇曳生姿。

黑龙江省巴彦县第三中学　刘艳玲

轻敲响鼓，声震四野
——应对课堂中惯性迟到的学生

　　课间迟到的原因五花八门，对其管理不可千篇一律；管理节点多及管理主体频繁更换又会导致管理松懈无力。长此以往会滋养"惯性迟到生"，他们觉得迟到无妨大碍，只要悄悄进去就可以。殊不知，看似随意的小举动其实并非小事：于该生而言，是时间观念差，纪律散漫；于教学而言，影响教学进程，妨碍班级管理。课堂遭遇惯性迟到生，教师一定要迅速出手，绝不姑息。但出手绝非重拳猛攻，讲究方法技巧，可能会事半功倍。

∨ 情景回顾

　　"氓之蚩蚩……"学生正在朗朗诵读，似乎三千年前的爱情已然轻触心底的柔软。我导入课堂："爱情，在千年里缠绵成一曲曲坚贞的赞歌，亦在千年里跌宕出一首首呜咽的悲曲……"

　　"吱——哐当——"

　　姚同学像往常迟到时一样，想从后门偷偷溜进来，但他没想到，今天风大，门被关上了，想要进门就会制造噪音。他一路走过，接受了全班师生的注目礼。

　　刚酿的情，已造的势，全然破碎，碎了一地……

大部分学生的注意力被转移到无关教学的小事件上，那就是大事件；一次次惯性迟到影响一个个教学预设及时完成，那就要从速处理。

我调整教学顺序，决定先说爱情观。学生对爱情有种懵懂的好奇，与其任学生秘密探究，不如课堂上摊开来说，既能激发热情，更能帮其树立正确的价值观。讲明白后孩子们褪去忸怩，止住窃窃私语，开始面露坦诚地正视"爱情"，去字里行间搜索卫女和氓的爱情观。

我似乎成功地把同学们的注意力从姚同学身上重新吸引到课文中，但我并没有打算"放过"他，尤其是看到他心安理得地走回座位、慢悠悠地拿出课本东张西望，我就知道，这迟到于他而言成了"家常便饭"，我怎能视而不管？

"姚同学，你来说说卫女的爱情观。"

"我……"

姚同学并未料到我会提问他，但为不出糗，他还是给出了一个笼统的回答："开始挺执著，后来就放弃了。"

"为什么放弃？"

"氓始乱终弃。"

"是吗？"

"不对，最初他喜欢卫女，后来又喜欢上别人。"

"仅仅是变心？"

"好像打她了。"

追问了几个回合，及时止住。我让姚同学用一句话总结卫女离开的原因。"氓背弃爱情。"如此答案不枉我费尽心思追问，我趁势总结"在爱情上不珍惜对方背弃忠诚就会失去爱人"，继而将问题拓展，让学生仿照"在……上不珍惜……背弃……就会……"来阐述认识。

课堂上我很少揪住一个学生连环追问死不撒手，同学们似乎看出了我的用意。这时，我找平时正义感爆棚又极善言辞的张同学来发言。

"在生意上不珍惜信任背弃诚信就会失去生意伙伴，在比赛上不珍惜参赛机会背弃公平就会失去对手，在课堂上不珍惜学习机会背弃纪律就会——"像无心似有意，张同学迟疑一下还是说出了"影响大家"四个字。让我没想到的是，这算不得珠玑之言竟赢得了热烈的掌声。姚同学听闻掌声似乎悟到了什么，眼含愧意。

▼ 技巧提炼

在本案例中，该生迟到已成为惯性，且迟到后并未意识到此行为给课堂教学带来怎样的影响。这是纪律意识淡薄、漠视规则的表现。我"轻敲响鼓"，采取语文的方式来解决问题。不回避：以提问的形式直接将矛头抛向该生，把"鼓"敲起，有针对性却又不那么赤裸裸；要有效：以仿句引导学生广领域认识规则。如此，教书实现了育人，落实了课堂的运行规则，拓宽了学生的道德视野。

▼ 迁移运用

考试频"更衣"是病，得治！

高三考试很多，每次周测都是学生拉开考，教师来回转。这天我刚进38班就见窗外有个风一般的女子一闪而过。一定是上厕所，估计憋不住了。忍了忍，我低下头做题。谁知，一道题还没做完，外面又"咣咣咣"地闪过一人。

我怒从中烧，哪有那么巧，刚考试就都着急上厕所？

"刚才肚子疼。""哦。"在教室外等她回来，我开门，然后走进教室，巡视了一圈，又到了门外。那次监考，我更多的时间是在走廊里，什么都没说，也等于什么都说了，再没人不吭不响上厕所。但我知道，这是"躲猫猫"心理，治标不治本，要想让学生意识到"考试频繁上厕所是病"，还需动一番心思。

"三天一小考、五天一大考，你烦不烦？"试卷讲评前的一问像是巨石砸进静湖，"啪"一声大水花四溅涟漪荡远，孩子们七嘴八舌各倒苦水。"如果我是学生我也烦，两个半钟头让人屁股坐木脚变麻。""就是就是。"孩子们兴奋地应和着，像是一起数落谁的不是。"但我觉得比古人幸福多了。"我说。

学生疑惑，我细数古代科考的不易。古代考生一旦进入考场就被限制在独立的隔间即"号舍"里。人吃五谷杂粮难免新陈代谢。如果小解，号舍里有便桶供其解决；如果大解，需报告监考官，由专人看管试卷、专人陪同上厕所。但试卷要被盖上黑印，当时人称"屎戳子"。评卷人不愿多看黑戳试卷，一是觉得晦气，再者无毅力考生选他作甚？乡试如此，殿试更甚，面见圣上，别说肚子疼，就算打嗝放屁都会影响殿试结果，龙颜一怒甚或让此生与仕途绝缘。

"好不容易熬到殿试，你会轻易上厕所吗？"孩子们捂嘴笑，我趁热打铁，"其实上厕所在古代挺讲究的，有不少雅称，《鸿门宴》里就有'沛公起如厕'的描写，'如'意为去往，'如厕'可谓简洁文雅！还有'行圊''登东''出恭'，还分出大恭出小恭，连放屁都雅称为虚恭。'更衣'一说最讲究，传说富贵人家或爱干净的人事罢是要换衣服的，只因用竹片清理，难免会弄脏衣服，所以要'更衣'。"

"周测时'更衣'景象可是你方更罢我登东啊！"那二人赧然，我莞尔一笑，开始讲评试卷。自此直至毕业，测试鲜有学生动辄如厕，更无一场考试相继多人上厕所之事。考试频繁上厕所，就是一个心理病，考前不重视、考时太随意，这个"病"我标本兼治，还算差强人意。

教育感悟

教育是系统的工程，做好了就是走心的艺术。有些学生对课堂纪律的不遵守可能出自无意：自以为迟到了悄悄进入，也不影响谁；自以为上厕所，能按时交卷就无碍无妨。对此教师务必明确要求，这既是对错误行为的纠正，更是对课堂秩序的保证。但申明纪律时最好不要板脸说教或当面批评，因为这很像闸门挡住奔腾激流去路反会荡起过激浪花。我一贯认为：鼓要敲，但响鼓不用重锤，抓住课堂中师生共振的频率，轻敲响鼓，也可声震四野，遏制无意识行为的不良影响，加强学生的道德认知，保证课堂教学的有效进行。有宽度，开阔视野；有深度，涵养性情；有温度，呵守灵魂。这才不失语文课的魅力，这才能收获语文课的诗意。

河北省武安市第一中学　董艳荣

唯美陶冶，怡情养性
——应对课堂中体育生着装不规范

　　这学期每周我有两天的课安排在体育生训练之后。现在天气热了，体育生都穿着短裤背心去训练，规矩点的学生知道回来后换上校服进教室，但也有近一半的学生直接穿着训练服就进了教室——这着实让我有些烦恼。我便琢磨着该如何教育教育他们，让他们知道这样做很不文雅。直接批评，伤他们自尊；眼神暗示，治标不治本；综合考虑之下，我决定充分利用语文课在人文素养教育方面得天独厚的优势，用文化来熏陶学生，用美的教育来感化学生。

> **情景回顾**

　　这一天真的是很热！刚一进教室就感觉到了学生的躁动不安。房顶的风扇以最快的转速做圆周运动。正如我所料，大部分学生没有换下训练服，穿着短裤背心，还有的将背心卷到了胸口，坐得也很没有个样子。

> **管理过程**

　　我站到讲台上，没有说话，我在等他们安静下来。两分钟之后，教室里趋于安静。我开口讲课，简短地告知他们近期的学习计划，然后说："今天我们先来赏析一篇文章，我给大家读，大家用心听。'岁月，以它飘逸的姿态，轻盈着过往。听风数雨的日子里，我盈一抹诗意，以一朵花的姿态，在梦里的心湖上，隔着此岸彼岸的距离，聆听心曲里的灯火阑珊，感受风与花香的缠绵，体味雨打窗棂的静美，让心静静地停泊，在缕缕书香里浸染……'"文章不算长，文字很唯美。我读得很慢，也很陶醉。偷眼观看，发现这次他们是真的安静下来了。文章读完后，我让他们去想象：作者是个什么样的人，有着怎样的性情，过着怎样的生活，会结交哪些人？学生脑洞大开，七嘴八舌。作完总结之后，我问："你知道为什么你能够读出这些内容吗？是因为文字是有生命的，也是有灵性的。只有懂它、尊重它的人才能够驾驭得了它，也才能创造出如此唯美的文章。"我特意在"尊重"两个字上加了重音。"你们知道古人在读书写文章之前会做什么吗？凡读书，须整顿几案。令洁净端正，将书册整齐顿放。正身体，对书册，详缓看字，仔细分明读之。"下面有学生自觉坐正了身体。"读书必专一，正心肃容。"我解释"肃容"：仪表面容严肃庄重。我环顾教室，目光从每个学生身上掠过，穿着整齐的学生坐得笔直，穿短裤背心的学生低下了头，卷着的背心也已经悄悄放了下来。我接着说："古人很风雅，也很懂文字的娇贵，所以他们会在读书之前沐浴更衣，整顿书案，以此表明对文字的尊重和虔诚。《礼记》上也说'故冠而后服备，服备而后容体正、颜色齐、辞令顺'，意思就是说'只有衣冠得体规范之后，才能做到形体端正、态度恭谨、说话和顺'。"然后我将教室墙上张贴的标语指给学生看："教室本是读书地，出言吐语须有方"。我再给大家续上两句："各科知识记心上，着装文明不可忘"。我没有再往下说什么，只是问："你们懂我的意思吗？"学生说"懂"。我又问："知道该怎么做吗？"学生说"知道"。

第二天体育训练结束之后，我去上课，发现一廖姓同学穿着训练服在教室外站着。我问他为什么不进去，他说："老师，我回来晚了，没有换衣服，不好意思进去！"我站在门口往教室里看了看，发现屋里的学生都规规矩矩地穿着校服在背书。我安慰了他几句，让他下次注意，让他进了教室。

❯❯ 技巧提炼

在本案例中，体育班因为训练需要，学生经常穿短裤背心，而且体育生本身就有些粗爽，不拘小节，于是课堂上经常会出现着装不规范的现象，如不加以正确引导，不仅会让上课的女老师感觉尴尬，而且会致使课堂气氛日渐散漫无序。很多时候，教育就如春风化雨一样润物无声，疾言厉色的教育往往不会取得良好的效果，被吼大的孩子往往会过早地失去自信，失掉自尊。在此事的解决过程中，我没有吼他们，而是牢记语文的四个核心素养，用"阅读的美"来感召学生，让学生在灵动的文字中、在美的体验中怡情养性，提高自身的文化修养，拥有良好的个性和健全的人格。

❯❯ 迁移运用

用语文活动点亮学生课间

每逢课间从楼道走过时，我总会碰到学生追逐打闹，有时候还出语不文明。他们玩闹起来，往往顾及不到路过的其他师生，撞到人的事件也时有发生；有时候闹得过分了，还会出现动武打架的情况。不久前接连处理了我们班两起打架事件，都是因为课间打闹而急了眼，致使事件升级，虽然没有造成严重后果，但影响很坏，破坏了整个班级团结和谐的风气。批评处理完了学生，我也陷入了深深的反思之中。学生每天上下午各四节课，一共四个小课间，两个大课间，还有餐前餐后的时间，他们到底该做些什么？能做些什么？为什么总是会追逐打闹？小课间10分钟，没问题，学生去个厕所，回来准备下节上课任务，很快就过去；但大课间、餐前餐后，各20多分钟的时间，如果没有合适的活动，学生又不知道该干什么，在青春荷尔蒙力量的催动下，追逐打闹似乎就成了很好的发泄渠道。课间是课堂的延续和发展，如何让课堂上美的教化渗透到课外，就成了我那天课堂的主要内容。

上课后我开门见山，说两周后我要在合堂教室举办"语文同乐会"活动，参加人员为我教的两个班的全体学生。学生很吃惊，纷纷问"什么是语文同乐会""会上都干些什么""我们要怎么做"……问题接二连三地抛出来。"我想了这样几个主题，仅供参考，你们有更好的话题可以提供给我——经典诗句背诵，美哉《诗经》朗诵，汉字听写，书写比赛。这次我们先确定两个主题，如果同学们非常喜欢，那我们就每隔两周举办一次，至于更换的主题，由你们自己选定。"我的话音落下，学生就七嘴八舌地讨论起来，最后班长代表全体同学确定首次同乐会的主题为"汉字听写"和"美哉《诗经》朗诵"。然后，我说："课堂上我是不会给你们时间准备的，这些都需要同学们利用课余时间准备。"这之后的几天，我留心观察这两个班级学生的课间活动，发现追逐打闹的学生明显减少，学生三五成群的，要么在背诵《诗经》，要么在相互提问听写词语，都在积极地准备同乐会，甚至还听到有学生说"咱班不能输给16班，大家要好好准备"。所见所闻使我倍感高兴，看来只要引导得当，激发出学生学习的激情，不仅能使课间的问题迎刃而解，还能够形成竞争机制，让学生在这种良好的氛围中接受文化的熏陶，丰富自己的学识，锻炼听说读写的能力。

教育感悟

教育需要机会。没有机会，教育者可以创造机会，对学生进行正面引导和教育。而学生又不仅仅是教育的对象，更是教育的动力资源库。借助一些唯美的文章，利用一些古人的智慧，开创一些有益的活动，寓教于乐，寓教于美，播撒智慧的种子，放飞明天的希望。

山东省临清市第二中学　孙东云

图书在版编目（CIP）数据

课堂创意管理实用技巧／董一菲主编 . —上海：华东师范大学出版社，2019
ISBN 978-7-5675-9126-4

Ⅰ.①课... Ⅱ.①董... Ⅲ.①课堂教学—教学管理 Ⅳ.①G424.21

中国版本图书馆 CIP 数据核字（2019）第 085296 号

大夏书系·教育艺术
课堂创意管理实用技巧

主　　编　董一菲
执行主编　谢发茹　马于玲　李　萍
责任编辑　卢风保
封面设计　奇文云海·设计顾问

出版发行　华东师范大学出版社
社　　址　上海市中山北路 3663 号　邮编　200062
网　　址　www.ecnupress.com.cn
电　　话　021-60821666　行政传真　021-62572105
客服电话　021-62865537
邮购电话　021-62869887　地址 上海市中山北路 3663 号华东师范大学校内先锋路口
网　　店　http://hdsdcbs.tmall.com

印 刷 者　北京季蜂印刷有限公司
开　　本　700×1000　16 开
插　　页　1
印　　张　15.5
字　　数　230 千字
版　　次　2019 年 7 月第一版
印　　次　2022 年 2 月第七次
印　　数　21 101-24 100
书　　号　ISBN 978-7-5675-9126-4/G·12038
定　　价　45.00 元

出 版 人　王　焰

（如发现本版图书有印订质量问题，请寄回本社市场部调换或电话 021-62865537 联系）